职业教育财经商贸类专业教学用书

# 收银实务（第3版）

蒋金枝　主编
宋　锐　主审

電子工業出版社
Publishing House of Electronics Industry
北京 · BEIJING

## 内 容 简 介

本书的主要内容包括收银基础知识、商业企业与商品知识、票款结算知识、收银机知识和顾客服务。本书以就业为导向，以能力为核心，以收银员国家职业技能标准为基本依据，摒弃“繁、难、偏、旧”的内容，方便学生学习和掌握；在编排上，将学生应掌握的各项技能分为若干模块。教师在教学中可根据学生和学校教学的具体情况，结合收银职业岗位的实际需要，选择与之对应的模块组织教学，不单纯强调学科体系的完整。本书突出对学生岗位能力的培养，遵循“做中学、做中教”，力求使学生在快乐中学习。

本书可作为职业院校财经商贸类专业的教学用书，也可作为财经商贸类专业的在职培训用书。

本书配有电子教学参考资料包，包括教学指南、电子教案、电子模拟试题（自动生成答案，供学生上机考试使用）、习题答案（电子版）等，详见前言。



**图书在版编目（CIP）数据**

收银实务 / 蒋金枝主编. —3 版. —北京：电子工业出版社，2023.1

ISBN 978-7-121-44835-5

Ⅰ. ①收… Ⅱ. ①蒋… Ⅲ. ①会计实务－中等专业学校－教材 Ⅳ. ①F233

中国国家版本馆 CIP 数据核字（2023）第 006441 号

责任编辑：徐 玲 文字编辑：张 彬
印 刷：三河市兴达印务有限公司
装 订：三河市兴达印务有限公司
出版发行：电子工业出版社
北京市海淀区万寿路 173 信箱 邮编 100036
开 本：787×1 092 1/16 印张：10.5 字数：228.5 千字
版 次：2011 年 5 月第 1 版
2023 年 1 月第 3 版
印 次：2023 年 1 月第 1 次印刷
定 价：32.00 元

凡所购买电子工业出版社图书有缺损问题，请向购买书店调换。若书店售缺，请与本社发行部联系，联系及邮购电话：（010）88254888，88258888。

质量投诉请发邮件至 zlts@phei.com.cn，盗版侵权举报请发邮件至 dbqq@phei.com.cn。

本书咨询联系方式：xuling@phei.com.cn。

# 前　言

无论是在商场、超市，还是在街边的小店或农贸市场的菜摊、果铺，凡有商品销售的地方，都有收银工作。可以说，收银是买卖关系的重要一环，是商品交易完成的标志。因此，收银工作对商业贸易而言极其重要。

收银是对顾客所选商品品质、价格与数量的最后确认。诚信，是商业贸易中重要的职业道德要求，中国自古就有童叟无欺的商业传统美德。收银员履行收银职责，就是对顾客精心选购过程的最后确认，这种确认包含商家对所售商品的品质保证、对所售商品的价格承诺、对所承诺的经营服务的兑现。所以，收银台是商家的形象窗口，收银员是商家的形象大使，收银服务的效率高低、态度好坏，直接关系到商家的对外形象。

收银是交换诚信的平台，是传递商业文化的桥梁，在一买一卖、一付一收之间，买卖双方的意愿得以达成，诚信得以交换和确立，商业文化的内涵展露无遗。对顾客来说，一次付银的过程将毫无隐藏地把个人的购物需求、购物心理、消费层次、支付能力等诸多细节向商家展示出来；而对于商家来说，一次收银过程就是把自身的服务宗旨印证一次，宣讲一次。

党的二十大报告指出："要构建优质高效的服务业新体系。"收银是现代商业服务中重要的一环。一名优秀的收银员、一次优质的收银行为，会给顾客如沐春风的感觉，在轻松愉悦的氛围中帮助顾客实现消费的愿望，也会为商家积累客户；相反，一名拙劣的收银员、一次糟糕的收银行为，会给顾客上当受骗的感觉，让顾客在郁闷、生气的过程中对自己的消费行为后悔自责，而商家也可能因此流失一位乃至一批顾客。

引领中国互联网应用潮流的杭州，在政府部门与一些企业的合力推动下，已经建成覆盖面广、普及率高的移动支付网络。

在"大众创业，万众创新"的新时代要求下，移动支付迅速在全国普及，因此，本书增加了移动扫描收银的知识和技能讲解。

本书紧紧围绕收银员岗位的工作要求，系统介绍了从事收银工作必须掌握的基本知识、基本技能、基本礼仪和收银工作的操作方法，可以供职业院校财经商贸类专业学生学习和教师教学使用，也可以作为在职收银员岗位培训用书和自学用书。

本书的主要内容包括收银基础知识、商业企业与商品知识、票款结算知识、收银机知识和顾客服务，理论知识以“适度、够用”为原则，摒弃“繁、难、偏、旧”的内容。本书以就业为导向，以能力为核心，以提高学生职业能力素质为主线，突出学以致用的原则。

本书体系设计合理，内容有弹性，要求有层次，结构模块化，内容简练，条理分明，符合职业院校学生的认知结构和技能形成的规律。为便于教师教学和学生学习，本书配备了丰富的案例和图片，操作性强，力求深入浅出，图文并茂，通俗易懂。

本书体例清晰、严谨，内容新颖、简洁。为便于学生学习，设有“学习目标”“案例”“动脑筋”“小贴士”等栏目；为便于学生复习所学知识点和学习课外相关知识，设有练习与实训栏目。

参加本书编写的教师大都在财经商贸类专业教学领域工作多年，对财经商贸类专业理论和技能教学具有丰富的经验。为了把本书打造成精品教材，笔者做了大量的调研和实践工作。

本书相应课程共38学时，各单元学时分配见下表（仅供参考）。

**学时分配建议表**

| 序号 | 课程内容 | 学时 |
|---|---|---|
| 1 | 收银员的职业性质、职业素质和职业守则 | 2 |
| 2 | 相关法律法规常识 | 3 |
| 3 | 商业企业 | 2 |
| 4 | 商品知识 | 2 |
| 5 | 票款结算技能 | 3 |
| 6 | 识别现金和金融卡 | 3 |
| 7 | 移动收银操作技能 | 5 |
| 8 | 收银机及其操作技能 | 3 |
| 9 | 收银机及相关设备知识 | 3 |
| 10 | 收银员礼仪规范 | 2 |
| 11 | 顾客服务操作技能 | 2 |
| 12 | 机动 | 8 |
| 合计 | | 38 |

本书由蒋金枝担任主编，并编写单元 8 和单元 9；涂小齐编写单元 1；詹露

编写单元 2；吴燕编写单元 3 和单元 4；周静编写单元 5；栗彦强编写单元 6；吴玉洁编写单元 7；彭燕玲编写单元 10 和单元 11；插图由徐薇薇绘制。全书由宋锐担任主审。在本书的编写过程中，得到了业内许多专家学者的大力支持，在此一并致谢！

本书配有电子教学参考资料包，由徐云、栗彦强制作，包括教学指南、电子教案、电子模拟试题（自动生成答案，供学生上机考试使用）、习题答案（电子版）等，请有相关需求的教师和学生登录华信教育资源网，免费注册后再进行下载，有问题请在网站留言板留言或与电子工业出版社联系（E-mail:hxedu@phei.com.cn）。

由于时间和编者水平有限，本书中的错误和疏漏在所难免，敬请广大读者指正。

编　者

2022 年 5 月

# 目　　录

## 模块 1　收银基础知识



## 模块 2　商业企业与商品知识



## 模块 3　票款结算知识

# 模块1　收银基础知识

收银工作是随着现代零售业的发展和现代化收银手段的应用而逐步独立出来的一个新的职业岗位群，是近年来职业院校学生就业的一条新渠道。

一名优秀收银员灿烂的微笑，真诚的态度，专业的技术，扫描、输入、点钞、装袋等连贯优美的动作，令顾客目不暇接，仿佛在欣赏一次高水平的艺术表演！

同学们，想成为一名优秀的收银员并不难，路就在我们脚下，让我们振奋精神，投入到本课程的学习中去吧！

# 单元1　收银员的职业性质、职业素质和职业守则

### 学习目标

1．掌握收银员的职业性质；

2．掌握收银员的职业素质；

3．掌握收银员的职业守则。

### 动脑筋

要成为一名优秀的收银员，需要哪些专业素质？需要哪些专业技能？

## 一、收银员的职业性质

收银员（cashier）又称收款员，是指在商业零售企业从事面向顾客收取货币资金（含现金、支票、各种金融支付卡等）的工作人员。

从性质上来说，收银员是零售企业财务部门派往营业场所收取货币资金的工作人员，属于出纳岗位的派出人员。因此，收银工作是财务工作的重要组成部分。

收银员从事的主要工作包括管理、养护收银设备，领取零用金，为顾客提供结算服务，负责营业资金的管理与上缴，填制相关表单，在收银机上提供退换货服务。

收银员直接与顾客、货币打交道，其职业特点主要表现为以下几点。

### 1．专业性

收银工作作为商家在其营业场所设立的一个重要的经济岗位，有着专门的操作技术和工作要求，是一项专业性很强的工作。

### 2. 责任性

收银是一项经济责任很大的工作，商场和超市、餐饮店、酒店等营业场所内的收银台每天都要收取大量货币资金，这些货币资金既关系到企业的经济利益，又关系到顾客的切身利益。

### 3. 效率性

现代生活的快节奏，加上商场和超市、餐饮店、酒店等营业场所的客流量较大，所以收银工作也要求快节奏。

### 4. 服务性

收银员工作的特点是提供收银服务，满足顾客的需要。收银员在收银工作中，要尊重顾客的自我意识，给顾客带来愉悦的购物体验，同时也使自己在工作中获得有存在感的体验与快乐。

### 5. 法律性

收银是与钱打交道的工作，收银员每天都经手大量现金，所以在拥有良好思想品德的同时，还要具有较高的法律意识。

**小贴士**

**收银员——商场的“掌门人”**

收银作业是商业企业销售服务的一个关键岗位，收银台是商场商品、现金的“闸门”。商品流出、现金流入都要经过收银台，收银员稍有疏忽就会使经营前功尽弃。收银员同时又是商场的“掌门人”，收银作业不只是单纯的结账服务，还包括对顾客的礼仪态度、信息的提供、现金作业的管理、促销活动的推广、损耗的预防，以及商场安全管理的配合等各项前置和后续的管理作业。在短暂的收银结账服务中，收银员的一言一行体现的是服务效率和服务质量，集中展示的是商家的服务形象，关系到企业经营利益和持久竞争力。

**动脑筋**

1. 收银员的职业性质有什么特点？
2. 收银员的工作内容有哪些？

【案例 1-1】

## 从收银员到注册会计师，张先云这位军嫂了不起

军嫂是军人家庭的坚强后盾，是战士身后的幸福港湾，展现了新时代背景下，拥军人物的道德光辉。2020 年度海南“最美拥军人物”系列展播，带您走进张先云的故事。图 1-1 所示为优秀收银员张先云。

2000 年，军嫂张先云为了支持丈夫，辞去了老家的工作，千里迢迢来到海南三亚。初来乍到，人生地不熟，就业成了很大的困难，她的第一份工作是酒店收银员。

从那时起，苦涩的经历让张先云产生了一个帮助更多军属就业的念头。时光飞逝，20 年间，从收银员做起的张先云，通过不断努力地学习，不仅拿到了注册会计师证，还开办了会计师事务所。与其他会计师事务所不同的是，张先云的会计师事务所的员工大多是军属和退役军人，张先云不仅给他们提供相应的职位，还帮助他们考取相关证书，提升自我。

图 1-1　优秀收银员张先云

俗话说，铁打的营盘，流水的兵，张先云的会计师事务所也是如此。军人职业的特殊性，注定了他们无法长期固定在一个地方，因此许多随军家属往往干不了多久就要离开，有些退役军人也面临着是否回乡的抉择。这对于张先云开办的会计师事务所来说是不小的损失，但面对这些问题，张先云却很坦然。

人来人往、来去匆匆，年复一年，张先云的会计师事务所成为随军家属和退役军人就业转场的温馨港湾。张先云说，不管社会如何变化，自己的会计师事务所的大门，永远都为军属和退役军人敞开，因为她是一名军嫂，帮助军属和退役军人是她的义务和责任。

**动脑筋**

张先云是一名优秀的收银员，那么优秀的收银员应具备哪些基本职业素质呢？

## 二、收银员的职业素质

收银员工作是财务工作的一部分，也是财务会计工作不可缺少的组成环节。它处于会计核算工作的起点，是会计核算中工作量最大的环节。收银员的工作不单纯是点钞票，还包含许多专业知识和专业技能。作为一名收银员，不仅要掌握一般的财务知识，还要有良好的品德和优雅的气质，更要有敏锐的观察能力、较强的分析能力和果断的事务处理能力。

### 1．良好的思想品德

收银员从事的是财务工作，直接与金钱接触，其诚信、品德和责任心非常重要。如果收银员不具备良好的思想品德，那么在收银工作中就不能处理好国家、集体和个人利益之间的关系，也很容易在物质和金钱面前放松警惕，有的甚至监守自盗，贪污公款，最终走上违法犯罪的道路。从全国经济犯罪案例来看，经济工作者相对要多一些，主要是因为他们有便利的条件，工作中经常和金钱打交道，面临的诱惑特别多。因此，收银员尤其要树立正确的理想信念。理想信念是人生航船的航标和风帆。一个人如果缺乏正确的理想信念，就好像人生航船失去动力和方向。因此，作为一名收银员，应当把具备良好的思想品德放在首位，始终做到“常在河边走，坚决不湿鞋”。

### 2．高尚的职业道德

收银员应该具备的高尚道德，既包括作为社会人的道德，又包括职业道德。收银员的职业道德，是指在收银职业活动中通过教育和修养而形成的职业道德方面的状况和水平，并将其贯穿于行为、举止、思想和意图之中。收银员每天工作在营业一线，既要分毫不差地收取现金，又要以热情的工作态度为顾客服务。工作的特殊性决定了他们必须具备高尚的职业道德，具体体现在诚实守信、爱岗敬业、热情服务、礼貌待客、维护消费者利益等方面，以热情周到的工作态度为顾客服务，为企业赢得良好的商业信誉。其中，诚实守信既是做人的基本准则，也是职业道德的精髓。

### 3．扎实的科学文化知识

要做一名优秀的收银员，就要学好科学文化知识，提高自己的科学文化素质，这是做好工作的基础。不仅要学习文化基础知识，还要熟练掌握与收银工作相关的专业理论知识。不仅能更好地为自己所从事的专业服务，还能增强适应工作环境的能力。此外，国外的零售业巨头不断涌入我国市场，易初莲花、万客隆、麦德龙、沃尔玛、家乐福等企业在我国很多大中城市建立了大型超市。不少学生毕业后将会到这些超市工作，因此需要学习一些与国际接轨的收银工作所需的新知识和新技术，熟练掌握外语的听说能力，以尽快适应大型超市的工作要求和工作环境。

### 4．熟练的专业技能

收银员作为从事收银工作的专业人员，必须熟练掌握相关专业技能，才能有效提高收银工作效率。

（1）具备一流的收银操作技术。在收银过程中能严格按照收银程序操作，做到快捷和准确，提高顾客的满意度。

（2）具备对真、假、残币的识别能力。要做到“慧眼识币”，绝不收假币及残币，而且能够熟练地掌握各种金融卡刷卡业务。

（3）能熟练地运用各种电子收银设备，如电子收银机、条码扫描器、POS机、扫描枪等。

（4）具备高超的顾客服务技能。作为一名收银员，在“顾客至上”的服务理念和服务意识指导下，还必须具有一定的服务技巧，想顾客所想、急顾客所急，灵活、机动地帮助顾客处理问题，使顾客获得一种轻松、愉快的购物体验。

### 5．健康的身心

健康的身心包括健康的体魄和健全的心理。身心素质是一个人从事职业活动的本钱。

收银员的主要工作环境是百货商场、超市等零售商业企业（目前，移动支付已经遍布大街小巷、各行各业，移动收款人员也是收银员或兼职收银员），客流量大，时间性强，工作繁忙，没有良好的身体素质是不行的。俗话说，身体是工作的本钱，工作越繁忙就越需要加强身体锻炼，只有练就强健的体魄，才能保持旺盛的精力和良好的精神面貌。可以说，良好的身体素质是做好工作的保障。另外，收银员每天要面对不同的顾客，难免会遭到顾客抱怨，工作中经常会遇到一些挫折，受到一些委屈。因此，没有良好的心理素质也是不行的。而一个人良好心理素质的培养，离不开乐观的心态、自信的心理及热忱的工作态度。只有做到这三点，才可以成为身心健康的优秀收银员。

动脑筋

为什么说收银员只有具备良好的职业素质才能胜任收银工作呢？

## 三、收银员的职业守则

收银员的职业守则是指在一定的社会经济条件下，对收银员职业行为及职业活动的系统要求或明文规定。不同的零售商业企业针对收银员所制定的职业守则各不相同，但根据收银员的职业特点和工作要求，可以将收银员的职业守则概括为以下几个方面。

### 1．遵纪守法，廉洁自律

收银是一个较为特殊的工作岗位，直接与钱、财、物打交道。收银员在工作过程中要遵纪守法，自尊自重，严格执行有关政策法规，做到廉洁自律，秉公办事，不利用工作之便牟取私利，不损公肥私，不得故意多收或少找钱款，应按照商品标价结算，并接受监督，切实贯彻国家的物价政策，体现商品交换的等价原则，做到公平买卖，童叟无欺。

### 2．爱岗敬业，忠于职守

收银员要热爱本职工作，充满工作热情。在任何时候、任何场合都要做到忠于职守，尽职尽责。收银工作是企业财务工作的基本环节，事关企业的经济利益，责任重大，而且工作烦琐，工作量大，需要收银员始终保持积极乐观的情绪，增强从事收银工作的光荣感和责任感。

### 3．礼貌待客，热情服务

收银工作属于现代服务行业，收银台属于窗口岗位。收银员在工作时，应做到仪表端庄大方，着装整洁得体，佩戴工牌，站姿端正，身体与收银台、收银机保持足够距离，不靠在收银台上。在收银工作中，对顾客要始终保持亲切友善的笑容，运用礼貌用语，耐心回答顾客的提问，结算时必须唱收唱付，找零时将钱和小票一起交给顾客。要帮助顾客将商品装入购物袋内，对体积过大的物品，要用绳子捆好以方便顾客提拿。顾客离开时要礼貌致谢，欢迎下次再来等，力争自己所做的一切都让顾客感到舒心。

### 4．勤学苦练，提高技能

专业技能的熟练和提高不可能是一劳永逸之事，必须不间断地学习、研究、充实和提高。收银员要“曲不离口，拳不离手”，熟能生巧。从事收银工作要具备基本的计算机知识，并能处理一些日常计算机故障；熟练掌握收银、输单的操作过程及退单、转台、翻台的程序；具有识别人民币和各种外币的能力、鉴别支票真伪的能力、识别和操作各种银行卡的能力、为顾客服务的技能技巧等。目前，移动支付快速发展，支付宝、微信支付等已经普及，收银员必须尽快熟练掌握移动支付技能，尽自己的最大努力提高工作效率，减少顾客排队等候时间，让顾客满意。

【案例1-2】

**常婷婷、何丽爱岗敬业事迹**

常婷婷入职已经有三四年的时间了，刚进公司的时候在收银岗位工作。为了更好地服务顾客，给顾客带去方便，常婷婷记住了360多位顾客的会员卡号，是公司里记住顾客会员卡号数量最多的员工。由于她对工作认真负责，对顾客热情亲切，顾客都愿意去她的收银台结账。

何丽也是如此，刚到公司一年，她就能记住300多位顾客的会员卡号，是公司里记住顾客会员卡号数量第二多的员工。

这两名员工对自己的工作都十分用心，她们凭借顾客的声音、外貌、特征来记住顾客，拉近了与顾客之间的距离，真正做到了尽我所能，服务顾客。

### 动脑筋

如何提高收银工作效率？

### 练习与实训

**一、单项选择题（从四个选项中选择一个正确答案）**

1．收银员又称（　　），是指在商业零售企业从事面向顾客收取货币资金（含现金、支票、各种金融支付卡等）的工作人员。

A．收款员　　B．出纳　　C．会计　　D．财务主管

2．下列（　　）不是收银员的职业特点。

A．专业性　B．责任性　C．定型性　D．服务性

3．（　　）是收银员的服务对象。

A．顾客　B．经理　C．会计　D．批发商

4．健康的身心包括健康的体魄和（　　）。

A．健全的人格　B．清醒的头脑

C．健全的心理　D．良好的忍耐力

5．作为一名收银员，不仅要掌握一般的（　　），还要有良好的品德和优雅的气质。

A．财务知识　B．礼仪知识　C．售后技能　D．营销知识

6．作为一名收银员，应当把具备良好的（　　）放在首位，始终做到“常在河边走，坚决不湿鞋”。

A．思想品德　B．职业道德

C．科学文化知识　D．专业技能

7．收银员应该具备的高尚道德，既包括作为社会人的道德，又包括（　　）。

A．法治意识　B．文化水平　C．职业道德　D．专业技能

8．收银员小王工作勤奋努力、技术精湛，时常利用业余时间学习有关财务知识，体现了收银员（　　）的职业守则。

A．遵纪守法，廉洁自律　B．爱岗敬业，忠于职守

C．勤学苦练，提高技能　D．礼貌待客，热情服务

9．收银员小李利用工作之便，将商品未经过扫描、付款就据为己有，违反了收银员（　　）的职业守则。

A．遵纪守法，廉洁自律　B．爱岗敬业，忠于职守

C．勤学苦练，提高技能　D．礼貌待客，热情服务

10．（　　）既是做人的基本准则，也是职业道德的精髓。

A．诚实守信　B．爱岗敬业

C．服务群众　D．奉献社会

**二、判断题（正确的打“√”，错误的打“×”）**

1．收银作业只是单纯的结账服务。（　　）

2．收银台既是商场商品、现金的“闸门”，同时又是商场的“掌门人”。（　　）

3．收银员每天盘点收款，做到日清月结。（　　）

4．收银员应对顾客有礼貌、欢迎顾客光临，运用礼貌用语，如您好、欢迎光临、谢谢您、早上好等。（　　）

5．对于顾客临时不买的商品，收银员可以乱丢乱放，提醒顾客带走所有商品。（　　）

6．一名合格的收银员，只要能快速、准确地为顾客提供好结算服务就可以了。（　　）

7．收银员在上岗前需要佩戴工牌，检查妆容，做到着装整齐，仪表端庄。（　　）

8．收银员在找零时将钱和小票放在收银台上即可。（　　）

9．收银员在接待顾客时需要面带微笑。（　　）

10．收银工作很简单，不需要勤学苦练。（　　）

11．支付宝支付属于移动支付的方式之一。（　　）

# 单元 2　相关法律法规常识

学习目标

1．了解消费者权益保护法的概念和适用对象；

2．理解消费者的权利及经营者的义务；

3．了解生产者及销售者的产品质量责任和义务；

4．掌握劳动合同的概念和主要内容；

5．理解经济违法的含义和特征；

6．理解常见的经济犯罪及其表现形式。

## 一、消费者权益保护法常识

【案例 2-1】

“三无”电动车致人死亡，卖家、厂家连带赔偿

2019 年 3 月 29 日，吴某与丈夫刘某在浙江省淳安县 A 电动车行购买某牌电动三轮车一辆，次日，刘某驾驶该电动三轮车时摔伤后死亡。后刘某家属以电动三轮车为“三无”产品且刹车系统存在缺陷为由，向法院起诉，要求销售方 A 电动车行、零部件供货方 B 公司、车辆组装方 C 公司承担致刘某死亡责任，并向法院提交了该电动三轮车的空白合格证及使用说明。C 公司认可该车由其向 B 公司购买零部件后组装，经过上路检测后即交付 A 电动车行销售，销售时为该电动三轮车加装五个电瓶。该案经法院调解后达成协议：由销售方 A 电动车行赔偿 5000 元；由零部件供货方 B 公司赔偿 15000 元；由车辆组装方 C 公司赔偿 130000 元。

法官点评：生产者在生产产品时应严格按照产品质量标准生产并检测合格后投入流通，销售者也应对产品质量严格把关，否则，一旦发生缺陷导致消费者人身损

害的，则要承担赔偿责任。《中华人民共和国消费者权益保护法》（简称《消费者权益保护法》）第四十九条规定，经营者提供商品或者服务，造成消费者或者其他受害人人身伤害的，应当赔偿医疗费、护理费、交通费等为治疗和康复支出的合理费用，以及因误工减少的收入。造成残疾的，还应当赔偿残疾生活辅助具费和残疾赔偿金。造成死亡的，还应当赔偿丧葬费和死亡赔偿金。《中华人民共和国侵权责任法》（简称《侵权责任法》）第四十一条规定，因产品存在缺陷造成他人损害的，生产者应当承担侵权责任；第四十二条规定，因销售者的过错使产品存在缺陷，造成他人损害的，销售者应当承担侵权责任。销售者不能指明缺陷产品的生产者，也不能指明缺陷产品的供货者的，销售者应当承担侵权责任。

注：《中华人民共和国民法典》（简称《民法典》）已由中华人民共和国第十三届全国人民代表大会第三次会议于 2020 年 5 月 28 日通过，共 7 编、1260 条，各编依次为总则、物权、合同、人格权、婚姻家庭、继承、侵权责任和附则，自 2021 年 1 月 1 日起施行。《中华人民共和国婚姻法》《中华人民共和国继承法》《中华人民共和国民法通则》《中华人民共和国收养法》《中华人民共和国担保法》《中华人民共和国合同法》《中华人民共和国物权法》《中华人民共和国侵权责任法》《中华人民共和国民法总则》同时废止。

《侵权责任法》第四十一条对应《民法典》第一千二百零二条，内容相同；《侵权责任法》第四十一条变更为《民法典》第一千二百零三条，因产品存在缺陷造成他人损害的，被侵权人可以向产品的生产者请求赔偿，也可以向产品的销售者请求赔偿。产品缺陷由生产者造成的，销售者赔偿后，有权向生产者追偿。因销售者的过错使产品存在缺陷的，生产者赔偿后，有权向销售者追偿。

### 1. 消费者权益保护法的概念

消费者权益保护法是调整在保护公民消费权益过程中所产生的社会关系的法律规范的总称。通常所说的消费者权益保护法是指 1993 年 10 月 31 日颁布、自 1994 年 1 月 1 日起施行的《消费者权益保护法》。该法的颁布实施，是我国第一次以立法的形式全面确认消费者的权利。此举对保护消费者的权益，规范经营者的行为，维护社会经济秩序，促进社会主义市场经济健康发展具有十分重要的意义。该法已经过两次修正，其中第二次修正通过时间是 2013 年 10 月 25 日。

### 2. 消费者权益保护法的适用对象

消费者权益保护法中列举的消费者权利有九项之多，特别强调了经营者的义务，因此该法以保护消费者权益为宗旨。那么，该法的适用对象有哪些呢？可从以下三个方面理解。

第一，消费者为生活消费需要购买、使用商品或者接受服务的，适用消费者权益保护法。所谓消费者，是指为个人生活消费需要购买、使用商品或者接受服务的自然人。从事消费活动的社会组织、企事业单位不属于消费者权益保护法意义上的“消费者”。

第二，农民购买、使用直接用于农业生产的生产资料时，参照消费者权益保护法执行。

第三，经营者为消费者提供其生产、销售的商品或者服务，适用消费者权益保护法。

### 3．消费者享有的权利

消费者的权利是指消费者在购买、使用商品或者接受服务的过程中，依法享有的受法律保护的权利。消费者的权利作为消费者利益在法律上的体现，是消费者权益保护法的核心内容。我国法律明确赋予了消费者以下权利，为消费者在遭受损害时获得保护提供了法律依据。

（1）安全保障权。

（2）知悉真情权（见图2-1）。

（3）自主选择权。

（4）公平交易权。

（5）依法获得赔偿权。

（6）依法结社权。

（7）获得权益保护方面的知识权。

（8）维护人格尊严和民族风俗习惯权。

（9）监督批评权。

图2-1　知悉真情权

### 4．经营者应当履行的义务

为了有效地保护消费者的权益，约束经营者的经营行为，消费者权益保护法不仅专章规定了消费者的权利，还专章规定了经营者的以下义务。

（1）严格履行法定义务或约定义务。

（2）接受消费者监督的义务。

（3）提供安全商品和安全服务的义务。

（4）提供真实信息的义务。

（5）标明真实名称和标记的义务。

（6）出具购货凭证和服务单据的义务。

（7）保障商品质量的义务。

（8）履行“三包”（包修、包换、包退）或其他责任的义务。

（9）严格遵守公平交易的义务。

（10）尊重消费者人格权的义务。

### 5. 消费者权益保护解决方式

当消费者的正当权益受到损害时，可采取多种形式去维护自身的权益，具体方法如下。

（1）与经营者协商和解。

（2）请求消费者协会或者依法成立的其他调解组织调解。

（3）向有关行政部门投诉。

（4）根据与经营者达成的仲裁协议向仲裁机构申请仲裁。

（5）向人民法院提起诉讼。

## 二、产品质量法常识

**【案例2-2】**

常州某机械有限公司（以下简称“常州公司”）与江阴某韩资公司（以下简称“江阴公司”）于2015年签订了购买合同，开始合作关系，由常州公司向江阴公司供应多种机电零部件。2019年7月，江阴公司声称常州公司供应的9900零部件出现质量问题，被其美国终端客户反馈该零部件在装配过程中发生断裂事故，产生客户索赔预计2000万元人民币。江阴公司以此为由拒付常州公司9900零部件货款及其他产品货款，并于2019年9月向江阴市人民法院起诉，要求常州公司承担产品质量违约责任，赔偿损失1000万元人民币及律师费，并以此查封、冻结常州公司相应的资产。

本案系较为复杂的域外产品质量纠纷，由于产品经多道不同公司的组装后才发给终端客户，因此对于产生质量纠纷的因果关系、过错归责证明是案件的争议焦点，江阴公司虽然提交了大量证据，但抽丝剥茧，有证明力的证据几乎没有，亦没有形成证据链。常州公司律师团队在分析梳理对方证据时，还从对方的证据中发现涉案零部件还曾有其他供应商，因此供应商的唯一性问题也成了常州公司胜诉的关键。

由此可见，遇到发生在域外的质量纠纷时，首先要确定案件的法律适用问题。起诉质量纠纷赔偿的原告举证责任非常大，适用中国法律审理的质量纠纷案件，除了要证明涉案产品的来源，还要按照中国法律规定对产品进行质量鉴定，鉴定结果必须将质量问题直接指向产品供应商。原告还需举证，证明质量问题发生的直接的唯一过错方系被告，否则法院还将根据过错程度进行赔偿款的分配。除此之外，对于赔偿款的计算依据、实际产生凭证等，原告都负有举证义务。

作为质量纠纷的被告，则可以针对产品供应商的确定、质量问题的存在、赔偿款的实际发生情况及质量问题与赔偿款之间是否存在直接的因果关系，逐一进行击破。

### 1．产品质量法的概念

产品质量法是调整产品质量监督管理关系和产品质量责任关系的法律规范的总称。通常所说的产品质量法是指1993年2月22日颁布、自同年9月1日起施行的《中华人民共和国产品质量法》。该法已经过三次修正，其中第三次修正通过时间是2018年12月29日。为加强对产品质量的监督管理，明确产品质量责任，保护消费者和用户的合法权益，维护正常的生产秩序，凡在我国境内从事产品生产、销售活动的企业、其他组织和个人（包括外国人）均必须遵守产品质量法。

### 2．产品质量监督

（1）产品质量监督的行政部门。国务院市场监督管理部门主管全国产品质量监督工作。国务院有关部门在各自的职责范围内负责产品质量监督工作。县级以上地方市场监督管理部门负责本行政区域内的产品质量监督工作。

（2）产品质量监督制度的主要内容。首先是产品质量抽查制度。抽查的重点，是可能危及人体健康和人身、财产安全的产品，影响国计民生的重要工业产品，以及用户、消费者、有关组织反映有质量问题的产品。其次是质量状况信息发布制度。国务院和省、自治区、直辖市人民政府的市场监督管理部门应定期发布其监督抽查的产品的质量状况公告，这是消费者知情权的基本要求。最后是企业质量体系认证制度及产品质量认证制度。

除此之外，公民个人、社会组织也有权就产品的质量问题进行查询、申诉，并且可以向有关部门检举违反本法的行为。

### 3．生产者的产品质量责任和义务

（1）产品质量的一般要求。生产者应当对其生产的产品质量负责。产品质量应当符合下列要求。

① 不存在危及人身、财产安全的不合理的危险，有保障人体健康和人身、财产

安全的国家标准、行业标准。

② 具备产品应当具备的使用性能，但是，对产品存在使用性能的瑕疵有说明的除外。

③ 符合在产品或者其包装上注明采用的产品标准，符合以产品说明、实物样品等方式表明的质量状况。

（2）产品标志的要求。产品或者其包装上的标志必须真实，并符合下列要求。

① 有产品质量检验合格证明。

② 有用中文标明的产品名称、生产厂名和厂址。

③ 根据产品的特点和使用要求，需要标明产品规格、等级、所含主要成分的名称和含量的，用中文相应予以标明；需要事先让消费者知晓的，应当在外包装上标明，或者预先向消费者提供有关资料。

④ 限期使用的产品，应当在显著位置清晰地标明生产日期和安全使用期或者失效日期。

⑤ 使用不当，容易造成产品本身损坏或者可能危及人身、财产安全的产品，应当有警示标志或者中文警示说明。裸装的食品和其他根据产品的特点难以附加标志的裸装产品，可以不附加产品标志。

### 4. 销售者的产品质量责任和义务

（1）销售者应当建立并执行进货检查验收制度，验明产品合格证明和其他标志。

（2）销售者应当采取措施，保持销售产品的质量。

（3）销售者不得销售国家明令淘汰并停止销售的产品和失效、变质的产品。

（4）销售者销售的产品标志应当符合本法第二十七条的规定。

（5）销售者不得伪造产地，不得伪造或者冒用他人的厂名、厂址。

（6）销售者不得伪造或者冒用认证标志等质量标志。

（7）销售者销售产品，不得掺杂、掺假，不得以假充真、以次充好，不得以不合格产品冒充合格产品。

### 5. 违反产品质量法的损害赔偿

法律规定，售出的产品有下列情形之一的，销售者应当负责修理、更换、退货；给购买产品的消费者造成损失的，销售者应当赔偿损失。

（1）不具备产品应当具备的使用性能而事先未说明的。

（2）不符合在产品或者其包装上注明采用的产品标准的。

（3）不符合以产品说明、实物样品等方式表明的质量状况的。

销售者依照前款规定负责修理、更换、退货、赔偿损失后，属于生产者的责任或者属于向销售者提供产品的其他销售者（以下简称供货者）的责任的，销售者有权向生产者、供货者追偿。销售者未按照第一款规定给予修理、更换、退货或者赔偿损失的，由市场监督管理部门责令改正。

因产品存在缺陷造成受害人财产损害的，生产者应当承担赔偿责任。

## 三、劳动法常识

【案例 2-3】

某人退役后便到中铁某公司工作。2009 年 9 月开始待岗。2017 年 5 月，公司在《中国劳动保障报》刊登公告，并载明：某员工，公司于 2017 年 5 月 5 日给你安排工作，通过多种渠道联系你未果。请你自本通告刊登之日起 15 日内到公司人力资源部报到。逾期未报到，视为不服从公司工作安排，公司将按照法律和公司规定自动与你解除劳动合同。

2017 年 5 月 31 日，公司作出《关于解除与某同志劳动合同关系的决定》，以员工未按通告要求进行报到，严重违反公司规章制度为由，与员工解除了劳动合同关系。

员工表示公司未与自己取得联系，且公司应支付本人在公司的加班工资（但无法证明）。

1. 仲裁阶段

员工 2018 年 1 月向仲裁委员会申请仲裁。

仲裁委员会裁决：驳回员工的全部请求。

2. 一审阶段

员工不服仲裁委员会的裁决，诉至初级人民法院一审。

一审法院判决：公司在未与员工取得联系的情况下，直接登报通知，并将员工未按期报到的行为认定为拒不执行组织工作安排，进而解除劳动合同，欠缺合法性、合理性，应认定为公司违法解除。同时认为无证据证明应支付加班工资。

3. 二审阶段

员工不服一审判决，诉至中级人民法院二审。

二审法院判决：驳回员工上诉，维持原判。

4. 再审阶段

员工不服二审判决，向高级人民法院申请再审。

再审法院判决：驳回员工的再审申请。

案例回顾：

① 企业可以登报解除合同，但前提是在现场送达、邮寄送达等方式不能送达的情况下进行，且需要留下相应不能送达的证据；

② 要主张自己的加班工资，需要有充分的证据——谁主张谁举证。除非员工能提供证据、材料来证明证据掌握在企业手里。

**动脑筋**

1. 以上案例中有哪些地方不符合劳动法的规定？
2. 当用人单位和劳动者发生劳动争议时应如何解决？

### 1．劳动法的概念

劳动法是调整劳动关系及与劳动关系密切联系的社会关系的法律规范的总称。为了完善劳动合同制度，明确劳动合同双方当事人的权利和义务，保护劳动者的合法权益，构建和发展和谐稳定的劳动关系，特制定《中华人民共和国劳动合同法》（简称《劳动合同法》）。通常所说的劳动合同法是指 2007 年 6 月 29 日颁布、自 2008 年 1 月 1 日起施行的《中华人民共和国劳动合同法》。该法已经过一次修正，修正通过时间是 2012 年 12 月 28 日。在中国境内的企业、个体经济组织、民办非企业单位等组织（以下称用人单位）和与劳动者建立劳动关系，订立、履行、变更、解除或者终止劳动合同，适用本法。国家机关、事业单位、社会团体和与之建立劳动合同关系的劳动者，订立、履行、变更、解除或者终止劳动合同，依照本法执行。

### 2．劳动合同的主要内容

劳动合同是劳动者与用人单位确立劳动关系、明确双方权利和义务的协议。劳动合同应当具备以下条款。

（1）用人单位的名称、住所和法定代表人或者主要负责人。

（2）劳动者的姓名、住址和居民身份证或者其他有效身份证件号码。

（3）劳动合同期限。

（4）工作内容和工作地点。

（5）工作时间和休息、休假。

（6）劳动报酬。

（7）社会保险。

（8）劳动保护、劳动条件和职业危害防护。

（9）法律、法规规定应当纳入劳动合同的其他事项。

劳动合同除前款规定的必备条款外，用人单位与劳动者可以约定试用期、培训、保守秘密、补充保险和福利待遇等其他事项。

### 3．劳动者权益保护解决方式

当劳动者的正当权益受到损害时，可采取多种形式去维护自身的权益，具体方法如下。

（1）与用人单位协商和解。

（2）请求劳动仲裁机构调解。

（3）向劳动行政部门投诉。

（4）向人民法院提起诉讼。

## 四、经济犯罪法律常识

**【案例 2-4】**

2013 年 3 月 18 日，高一学生湛某到某商场购买学习机。商场收银员钱某点钱后，认为其中有两张面额为 100 元的人民币是假币，于是不由分说，没收了湛某的 200 元可疑币，并以商场的名义开具了一张没收单据。其内容如下：“没收湛某假币 200 元，某商场”。2013 年 3 月 19 日，湛某之父拿着没收单据找该商场索要那 200 元，但遭到拒绝。3 月 25 日，湛某之父以湛某为原告，自己为法定代理人向法院提起民事诉讼，要求该商场返还人民币 200 元。法院在调解无效的情况下，依法判令被告即该商场赔偿原告湛某人民币 200 元，并承担该案的诉讼费用。

每名准备从事收银工作的年轻人，都要从本案例中吸取教训，加强自身道德品质修养，加强思想政治学习，做到学法、知法、懂法、守法。

### 1．经济犯罪的概念

经济犯罪是指在市场经济运行领域中，为牟取不法利益，侵犯国家经济管理制度，破坏社会主义市场经济秩序，依照刑法应受刑罚处罚的行为。

经济犯罪的特征主要有以下几点。

（1）法定性。经济犯罪是法定犯罪，即行为人的行为是否构成犯罪是由法律规定的。这一点有别于一般的自然犯罪，如杀人、抢劫、盗窃等传统犯罪，传统犯罪具有明显的反社会性，人们凭借社会常识和伦理道德规范就可轻易地加以判定。

（2）贪婪性。大多数经济犯罪都具有非法牟取经济利益的目的，犯罪人为了一己之利，采取不正当的手段侵吞国家、集体和公民个人的财产，损害合法经营者的利益，同时破坏市场经济的正常运行秩序。

（3）高智商性。经济犯罪的行为人一般具有较高的文化程度，很多人甚至具有丰富的财税、贸易、会计或者法律方面的专业知识，具有长期从事经济活动的经验。在犯罪手段上，犯罪人一般不直接使用暴力，不明火执仗，不具有攻击性，往往运用其专业知识或利用其职务便利，深思熟虑、精心策划，通过钻法律空子来达到牟取非法个人利益的目的，因而经济犯罪在西方被称为“白领犯罪”。

（4）复杂性。经济犯罪由于发生在市场经济运行领域，因而相对于其他类型的犯罪，其犯罪结构十分复杂。随着我国劳动力市场、金融市场、证券期货市场、房地产市场、科技市场等各种专业市场的建立，市场主体的经济活动变得更加多样化。在这样一个复杂的经济环境下，形形色色的经济犯罪大量滋生、蔓延，呈现出前所未有的特点。

（5）隐蔽性。经济犯罪并不像传统犯罪那样赤裸裸地违反社会公德和人们所熟知的行为规则，其行为人往往又是经济关系的一方当事人，使用的犯罪手段具有经济活动的性质，因而其犯罪行为不容易被公众所知晓，其社会危害性也不易被人们所认识。

### 2．常见的经济犯罪

由于收银员职位的特殊性，每天都要接触到企业的财物，为经济犯罪的可能发生提供了方便。下面就几种与收银工作联系较紧密的，又很典型的经济犯罪进行简单的讲解。

（1）盗窃罪。盗窃罪是指以非法占有为目的，秘密窃取数额较大的公私财物或者多次盗窃的行为。其中的“数额较大”，根据《最高人民法院、最高人民检查院关于办理盗窃刑事案件适用法律若干问题的解释》的规定，是指个人盗窃公私财物价值人民币 1000～3000 元。

**【案例 2-5】**

**盗窃钱款，构成盗窃犯罪**

2019 年 12 月 22 日，淮北濉溪县公安局四铺派出所依法刑事拘留了一名涉嫌盗窃的嫌疑人刘某。12 月 20 日下午，四铺派出所民警在街面开展巡逻时，发现辖区一家超市内有群众围观，民警立即上前查看。经过询问得知，该超市的老板发现收银员刘某对顾客支付的现金不入账，并将现金装在自己的口袋里，被超市老板现场抓获。

了解了这一情况后，民警调取了超市内的监控，发现刘某自 10 月起，先后多次将超市的现金装入自己的腰包。经讯问，刘某对自己盗窃的犯罪事实供认不讳，盗窃现金共计 4000 余元。最终盗窃嫌疑人刘某被濉溪警方刑事拘留。

（2）诈骗罪。诈骗罪是指以非法占有为目的，用虚假事实或者隐瞒真相的方法，骗取数额较大的公私财物的行为。

（3）信用卡诈骗罪。信用卡诈骗罪是指以非法占有为目的，违反信用卡管理法规，利用信用卡进行诈骗活动，骗取财物数额较大的行为。

信用卡诈骗罪具有以下特征：行为人主观上出于故意，即有利用信用卡进行诈骗活动，以骗取财物的目的。这是区分信用卡诈骗罪与一般由于过失或者其他原因而错误使用信用卡的违法行为的重要界限。

信用卡诈骗罪的具体表现形式：使用伪造的信用卡，使用作废的信用卡，冒用他人的信用卡，使用信用卡进行恶意透支。

（4）职务侵占罪。职务侵占罪是指公司、企业或者其他单位的人员，利用职务之便，将本单位财物非法占为己有，数额较大的行为。

（5）不当得利。不当得利是指没有合法依据而获得利益，并使他人利益遭受损失的事实。根据法律规定，不当得利的一方应将所获利益返还于受损失的一方。

## 练习与实训

**一、单项选择题（从四个选项中选择一个正确答案）**

1.《中华人民共和国消费者权益保护法》第二次修正通过时间是（　　）。

A．1993 年 10 月 31 日　　B．1994 年 1 月 1 日

C．2009 年 8 月 27 日　　D．2013 年 10 月 25 日

2.《中华人民共和国消费者权益保护法》的颁布实施，是我国第一次以立法的形式全面确认（　　）的权利。

A．经营者　　B．生产者　　C．消费者　　D．其他

3．我国消费者权益保护法的基本原则是（　　）。

A．国家对消费者特别保护的原则　　B．国家对生产者特别保护的原则

C．国家对经营者特别保护的原则　　D．其他

4．消费者不仅包括为自己生活需要购买商品或接受服务的人，也包括为了（　　）等需要而购买商品，以及替家人、朋友购买商品，代他人购买生活用品的人。

A．生产　　B．经营

C．收藏、保存、送人　　　　D．其他

5．经营者提供商品或者服务，按照国家规定或者与消费者的约定，承担（　　）责任，也就是通常所说的“三包”。

A．包修、包换、包退　　　　B．包用、包换、包退

C．包装、包换、包退　　　　D．其他

6．社会成员的消费分为（　　）两种。

A．生活性消费　　　　B．生产性消费

C．生活性消费和生产性消费　　　　D．其他

7．（　　）市场监督管理部门主管全国产品质量监督工作。

A．国务院　　B．省级以上地方　　C．市级以上地方　　D．县级以上地方

8．非法出具金融票证罪是指（　　）违反规定，为他人出具信用证或者其他保函、票据、存单、资信证明，造成较大损失的行为。

A．银行或者其他金融机构的工作人员

B．理货员

C．保安员

D．其他

9．（　　）是指以非法占有为目的，用虚假事实或者隐瞒真相的方法，骗取数额较大的公私财物的行为。

A．诈骗罪　　B．洗钱罪　　C．职务侵占罪　　D．盗窃罪

10．（　　）是指以非法占有为目的，违反信用卡管理法规，利用信用卡进行诈骗活动，骗取财物数额较大的行为。

A．伪造货币罪　　　　B．生产、销售伪劣商品罪

C．洗钱罪　　　　D．信用卡诈骗罪

11．（　　）是指公司、企业或者其他单位的人员，利用职务之便，将本单位财物非法占为己有，数额较大的行为。

A．走私罪　　B．职务侵占罪　　C．不当得利　　D．诈骗罪

12．收银员因为工作不认真、疏忽大意多收了顾客的钱，此为（　　）。

A．生产、销售伪劣商品罪　　　　B．伪造货币罪

C．不当得利　　　　D．诈骗罪

## 二、判断题（正确的打“√”，错误的打“×”）

1．国家综合运用立法、行政、司法等手段实现对消费者权益的保护。（　　）

2．消费者消费行为的客体仅仅是商品。（　　）

3．经营者不得对消费者进行侮辱、诽谤，不得搜查消费者的身体及其携带的物品，不得侵犯消费者的人身自由。（　　）

4．经营者保证商品质量的义务不是一项法定义务，而仅仅是一项约定义务。（　　）

5．经济犯罪是指在市场经济运行领域中，为牟取不法利益，侵犯国家经济管理制度，破坏社会主义市场经济秩序，依照刑法应受刑罚处罚的行为。（　　）

6．强化对消费者权益的保护，维护消费者的身心健康，已成为一项刻不容缓的任务。（　　）

7．商品和服务必须符合人身、财产安全的要求，是对经营者经营活动的起码要求。（　　）

8．经营者可以以格式合同、通知、声明、店堂告示等方式做出对消费者不公平、不合理的规定，或者减轻、免除其损害消费者合法权益应当承担的民事责任。（　　）

9．在保修期内，三次修理仍不能正常使用的，经营者应当负责更换或者退货。（　　）

10．产品质量法的适用范围是经过加工、制作，用于销售的产品。（　　）

11．生产者不应对其生产的产品质量负责。（　　）

12．经济犯罪由于发生在市场经济运行领域，因而相对于其他类型的犯罪，其犯罪结构十分复杂。（　　）

13．劳动合同是劳动者与用人单位确立劳动关系、明确双方权利和义务的协议。（　　）

14．职务侵占罪是指公司、企业或者其他单位的人员，利用职务之便，将本单位财物非法占为己有，数额较大的行为。（　　）

15．信用卡诈骗罪的具体表现形式：使用伪造的信用卡，使用作废的信用卡，冒用他人的信用卡，使用信用卡进行恶意透支。（　　）

# 模块 2　商业企业与商品知识

随着我国市场经济的不断完善，各地现代零售业迅猛发展。中资的北京华联、大连万达、大福园等，外资的家乐福、易初莲花、沃尔玛等在全国各地百花争艳。

超市里陈列的商品琳琅满目，数不胜数，而每件商品都有属于自己的“身份信息”，等待着我们去认识它。

同学们，让我们一起徜徉在商业企业和商品知识的浩瀚星海中，去探索，去钻研，去学习，去结交更多的商品朋友吧！

# 单元3 商业企业

### 学习目标

1. 理解商业企业的各种类型；

2. 理解各种形式的零售业态；

3. 掌握零售企业的特点；

4. 理解零售企业内部的设计。

收银工作所涉及的经营领域很广，但主要集中在商业零售业。所以，充分了解、认识和掌握零售业的相关理论知识，熟悉零售企业的组织结构，熟记各类商品的编码和标志，对于做好收银工作具有十分重要的意义。

## 一、商业企业的类型

一般将处在流通领域中的，以投资和经营为基本手段来获取收益的经济利益实体称为商业企业。商业企业可供选择的类型较多，现从不同角度进行如下分类。

### 1. 按所有制和所有制实现形式分类

按所有制形式可将商业企业分为两类：一是公有制商业企业，不仅包括国有商业企业和集体所有制商业企业，还包括混合所有制商业企业中的国有和集体部分；二是非公有制商业企业，包括私营商业企业、个体所有制商业企业。

按所有制实现形式可将商业企业分为国有独资商业企业、股份制有限责任公司和有限责任公司、集体所有制商业企业、股份合作制商业企业、私营商业企业、三资商业企业等几类。

### 2. 按商业企业在商品流通中所处的地位和作用分类

（1）批发企业。批发企业是以大宗的、整批的交易批量供应零售企业或其他批发企业用于交易，或者供应生产企业用于进一步加工并销售的商业企业。它处于商品流通的起点或中间环节，是组织城乡、地区之间商品流通的枢纽。批发企业按经营商品的不同，可以分为以下两大类。

① 日用工业品批发企业。日用工业品批发企业包括石油、针纺织品、五金、交电、化工、农业生产资料、百货、文化用品、废旧物资等专业批发企业。为了适应市场经济的发展需要，充分发挥中心城市组织经济的作用，必须以中心城市为依托，组织工业企业和批发企业通过买卖实现横向联系，促进中心城市辐射地区的经济发展，可采用代理商、配送中心、交易市场、物流中心等形式。

② 农副产品批发企业。农副产品批发企业是经营农副产品的批发企业，经营的重点是采购农副产品。由于农副产品的流通特点是集中于农村、分散到城市，因此农副产品批发企业又分为基层采购企业和中间采购企业两种类型。

（2）零售企业。此部分内容将在下文详细介绍。

## 二、零售企业

### 1. 大型零售企业的组织结构

收银员主要面向零售企业，因此，对零售企业应多加了解。作为一个零售企业，无论是全球性的，还是全国性的、区域性的，甚至只是一个零售店，工作任务应该都涉及如下几个方面：采购、运输和接收商品；进货核对、制订价格及贴价格标签；存货管理及库存控制；商品的店内管理，如货架摆放、陈列管理、零售设备管理、零售营销组合的制定、商品数据采集和分析、销售预测和计划制订；消费者投诉的处理、售后服务、一般性管理工作等。

通过对上述工作任务的分解和归纳组合成了零售企业的组织结构。一般来说，因为管理的重点不同大型企业的总部管理机构和一般门店的管理机构存在很大的区别。

大型零售企业总部职能部门组织结构如图3-1所示。

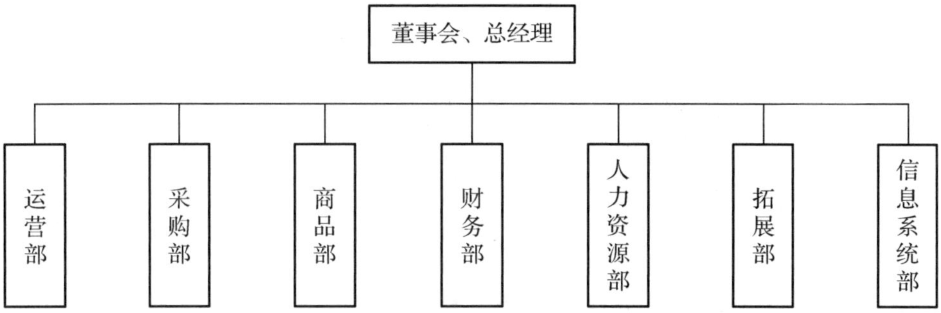


图3-1　大型零售企业总部职能部门组织结构

### 2. 零售企业的经营特点

作为商业基础的零售行业，是悠久的、普遍的商业业态，这个业态的生命力和发展空间巨大，下至小摊小店，上至世界500强中的大型连锁百货公司及超级市场，均属此业态。经过数千年的发展，零售行业依然保持着旺盛的生命力。

零售企业是以商品直接供应居民用于生活消费或供应集团单位用于非生产和生活消费的商业企业。它处于商品流通的终点，是处理直接消费的商业环节。零售企业的一般特点是交易零星、次数频繁、布局疏密有致，对社会生产目的的实现、人民生活需要的满足起着举足轻重的作用。零售企业为满足不同的消费需求进行相应的要素组合而形成的不同经营形态被称为零售业态。零售业态从总体上可以分为有店铺零售业态和无店铺零售业态两类。

有店铺零售业态的基本特点如表3-1所示。

表3-1 有店铺零售业态的基本特点

<table>
<tr><th colspan="2" rowspan="2">业　态</th><th colspan="5">基 本 特 点</th></tr>
<tr><th>选　址</th><th>目 标 顾 客</th><th>商品（经营）结构</th><th>服 务 功 能</th><th>信息管理系统</th></tr>
<tr><td colspan="2">食杂店</td><td>居民区内或传统商业区内</td><td>以相对固定的居民为主</td><td>以休闲食品为主</td><td>营业时间达12小时以上</td><td>初级或不设立</td></tr>
<tr><td colspan="2">便利店</td><td>居民区、交通要道、娱乐场所、机关、团体、企事业办公区等顾客集中的地方</td><td>主要为年轻人，多为有目的的购买</td><td>以速成食品、饮料、小百货为主</td><td>营业时间达16小时以上，提供即食性食品的辅助设施，开设多个服务项目</td><td>程度较高</td></tr>
<tr><td colspan="2">折扣店</td><td>租金较低的地区</td><td>主要为商圈内的居民</td><td>商品平均价格低于市场平均水平，自有品牌占一定的比例</td><td>用工精简，很少为顾客提供服务</td><td>一般</td></tr>
<tr><td rowspan="2">超市</td><td>普通超市</td><td>市、区商业中心，生活小区内或附近</td><td>以居民为主</td><td>以包装食品、生鲜食品和日用品为主</td><td>营业时间达12小时以上</td><td>程度较高</td></tr>
<tr><td>大型综合超市</td><td>市、区商业中心，城乡接合部</td><td>以居民、流动顾客为主</td><td>大众化衣、食、日用品齐全，注重自有品牌开发</td><td>设不低于营业面积40%的停车场</td><td>程度较高</td></tr>
<tr><td colspan="2">仓储式会员店</td><td>城乡接合部的交通要道</td><td>以中小零售店、餐饮店、集团购买和流动顾客为主</td><td>以大众化衣、食、日用品为主，自有品牌占相当大的比例，商品在4000种左右，实行低价、批量销售</td><td>设相当于营业面积的停车场</td><td>程度较高并对顾客实行会员制管理</td></tr>
</table>

续表

| 业　态 | 基本特点 | | | | |
|---|---|---|---|---|---|
| | 选　址 | 目标顾客 | 商品（经营）结构 | 服务功能 | 信息管理系统 |
| 百货店 | 城市繁华区的交通要道或郊区重要地段 | 以追求时尚和有品位的流动顾客为主 | 经营范围广，品种繁多，以服饰、鞋、箱包、化妆品、家庭用品、家用电器为主 | 注重服务，设餐饮、娱乐等服务项目和设施 | 程度较高 |
| 专业店 | 繁华商业区、商业街或百货店、购物中心内 | 以有目的地选购某类商品的流动顾客为主 | 以销售某类商品为主，体现专业性、深度性等特点，品种丰富，选择余地大 | 从业人员具有丰富的专业知识 | 程度较高 |
| 专卖店 | 繁华商业区、商业街或百货店、购物中心内 | 以购买品牌产品的顾客群为主 | 以销售某一品牌的系列商品为主，销售量小、质优、高毛利 | 注重品牌声誉，从业人员具备丰富的专业知识，提供专业性服务 | 一般 |
| 购物中心 | 城市中心、城乡接合部的交通枢纽交汇点，商圈半径为 10 千米以上 | 以流动顾客为主 | 内部以百货店或大型综合超市为核心店，由各种专业店、专卖店、餐饮、娱乐设施共同构成 | 设不低于营业面积 40%的停车场，功能齐全，融购物、休闲、娱乐、餐饮为一体 | 各个租赁店使用各自的信息管理系统 |

无店铺零售业态的基本特点如表 3-2 所示。

**表 3-2　无店铺零售业态的基本特点**

| 业　态 | 基本特点 | | | |
|---|---|---|---|---|
| | 目标顾客 | 商品（经营）结构 | 商品售卖方式 | 服务功能 |
| 电视购物 | 以电视观众为主 | 商品具有某种特点，与市场上同类商品相比，同质性不强 | 以电视为向顾客进行商品宣传展示的渠道 | 送货到指定地点或自提 |
| 邮购 | 以地理上相隔较远的顾客为主 | 商品包装具有规则性，适宜储存和运输 | 以邮寄商品目录为主向顾客进行商品宣传和展示，并取得订单 | 送货到指定地点 |
| 网上商店 | 主要为有上网能力、追求快捷的顾客 | 与市场上同类商品相比，同质性强 | 通过互联网进行买卖活动 | 送货到指定地点 |
| 自动售货亭 | 以流动顾客为主 | 以饮料为主，商品在 30 种以内 | 由自动售货机器完成售卖活动 | 无人式服务 |
| 电话购物 | 根据不同的产品特点，目标顾客不同 | 商品单一，以某类商品为主 | 主要通过电话完成销售或购买活动 | 送货到指定地点或自提 |

### 3. 零售企业经营成功的奥秘

零售企业作为一种独立的商业形式，它的经营销售直接面对顾客，因此良好的服务是其经营成功的奥秘，主要原因如下。

（1）服务对象是最终顾客。零售企业以最终顾客为服务对象，其中又以个人顾客为主。选择零售企业购物的基本上都是最终顾客，其购买目的大都是满足生活需要。

（2）交易次数多，每笔交易数额小。由于零售企业面对的是个人顾客，他们选购的商品范围广，挑选比较仔细，购买数额往往较小。但是，由于顾客人数众多，交易频率相当高。

（3）直接为顾客服务。零售企业出售商品的过程，也是为顾客提供服务的过程。在商品交易前要向顾客介绍商品，在交易过程中要帮助顾客整理、调试商品，在交易完成后要为顾客运送商品及对售出商品负责维修等。

（4）网点多、布局分散。零售企业以顾客为服务对象，而每个零售企业主体的商圈有限，为了满足顾客需求，势必广泛设置营业网点，布局较为分散。

【案例 3-1】

#### 家乐福优良的服务

2020年是零售巨头家乐福进入中国市场的第25个年头。7月8日，家乐福首席执行官（Chief Executive Officer，CEO）田睿发出内部邮件，表示家乐福将进一步优化服务，“无论何时何地，都不能做爬的虫，而要做飞的鹰”。

在电商迅速崛起的冲击下，家乐福业绩曾受到一定的冲击，但凭借着自身在供应链和自有品牌及进口商品上的实力和积累，家乐福专注成本控制、强化价格优势，快速适应了电商模式。尤其是加入苏宁之后，通过数字化赋能和线上与线下深度融合，家乐福不但提供了更有竞争力的商品，而且奉上了超级贴心的服务，再次王者归来。

新型冠状病毒肺炎疫情期间，对于一些封闭小区，家乐福响应北京市商务局“大手拉小手”号召，充分考虑到疫情期间居民出门难的问题，开展“点对点”服务，将蔬菜和民生必需品统一配送到指定地点。

同时，为了更好地服务顾客，满足线上订单激增的情况，家乐福全面升级“到家业务”，通过“家乐福”小程序、“苏宁易购”App、“苏宁小店”App及第三方平台入口，为周边3～10千米范围内的消费者提供1小时达、同城半日配和一日三送等多种服务。在“6•18”期间，家乐福实现了3千米范围内最快25分钟送达，3～10千米范围内一日三送的惊人服务表现。

此外，家乐福还致力于服务的精心化和多元化，不但在沈阳地区门店内设置健康指导货架，宣传健康生活方式和安心消费的理念，方便顾客在购物时增长科普知识，还在上海、重庆等城市的门店开设餐饮专区，本地化的口味搭配简约的风格，满足了顾客多种多样的需求。

## 三、零售企业店内设计

### 1．进行卖场环境设计

零售企业的卖场是顾客用货币表现其偏好的舞台。怎样的一个舞台才能使顾客舒适地购物并产生一定的忠诚感，进而产生重复购买行为，为零售企业带来丰厚的利润回报呢？日本零售专家就这一问题对一个具有5.2万名顾客的“商圈”进行了随机调查，并发放了2000份调查问卷。在回收的1600份有效问卷中，顾客对零售企业卖场环境的关心程度如下：“商品容易拿到”占15%；“开放式，容易进入”占25%；“商品丰富”占15%；“购物环境清洁明亮”占14%；“商品标价清楚”占13%；“服务人员态度好”占8%；“商品价格便宜”占5%；其他因素占5%。

其中：“开放式，容易进入”和“购物环境清洁明亮”这两项正是零售企业卖场环境设计的具体内容。一个好的卖场应该做到：突出特色、提高效率、便利顾客、利于选购。丰富的商品会刺激顾客产生购买欲望，但如果商品有限，也可通过一些陈列技巧使其看起来更丰富。

如果将可供比较评价的商品放在一起，顾客对于商品的丰富感就会倍增。另外，独特的陈列手法能赋予商品立体感；商品色彩的巧妙搭配同样会增强顾客的商品丰富感，激发顾客购买欲望。

### 2．进行自由流动线布局

自由流动线指卖场通道，是顾客购物与商场服务员补货的必要通道，其设计要方便有关人员行走和参观购物。自由流动线的基本形式如图3-2所示。卖场通道一般分为主、副通道：主通道是顾客从店门进入店内的通道；副通道是辅助通道，是顾客进入各个角落的重要通道。自由流动线布局应充分考虑主、副通道的宽度，其设计技巧如下。

（1）入口畅通，顾客轻松出入。要记住，生意成功的第一步是让顾客“进门”。

（2）“曲径通幽”，使得顾客停留更久。

（3）清洁明亮，使顾客心旷神怡。

（4）卖场与后场衔接紧密。

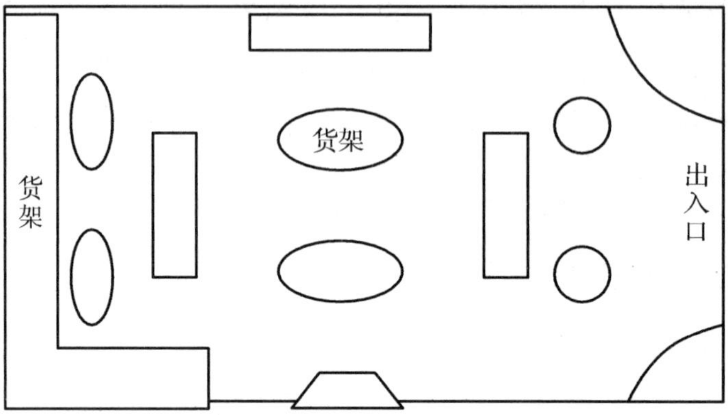


图 3-2　自由流动线的基本形式

### 3．进行空间色彩处理

顾客进入店内的第一感觉来自色彩。精神上是感到舒畅还是沉闷都与色彩有关。在店内恰当地运用和组合色彩，调整好店内环境的色彩关系，能对形成特定的氛围空间起到积极的作用。在对店内进行空间色彩处理时应把握好色彩的类别、深度和亮度。

（1）色彩的类别。人们常按照各种颜色对自己造成的不同感受将色彩的色调分为暖色调和冷色调。暖色调主要有红色、黄色和橙色。冷色调主要有蓝色、绿色和紫色。总体上暖色调给人一种舒适、随意的感觉，而冷色调给人一种比较严肃、正式的感觉，使人不太容易接近。然而只要应用得当，冷、暖色调均可营造出诱人的商业氛围。对于狭长的店堂来说，把两侧的墙壁涂成冷色，把里面的墙壁涂成暖色，就能给人以店堂宽敞的印象；对于短宽的店堂来说，把两侧的墙壁涂成暖色，把里面的墙壁涂成冷色，能给人以店堂变大的印象。

红色是一种比较刺激的色彩，在使用过程中必须小心谨慎，一般只作为强调色而不作为基本的背景颜色。作为一种用于着重强调特定部位的颜色，其效果更好。在元旦或春节及其他重要节日，红色是一种非常合适的展示色。

黄色与红色一样，也非常显眼，并且容易造成视觉上的逼近感。对一些背景色彩较为暗淡的墙壁、标记等区域可以运用黄色。另外，黄色被认为是一种属于儿童的颜色，所以在装饰婴儿或儿童用品店时常用黄色。

橙色在空气中的穿透力仅次于红色，而色感较红色更暖。鲜明的橙色会使人联想到秋天丰硕的果实，是一种表示富足、快乐而幸福的颜色，不过此色容易造成视觉疲劳。在现代社会中，往往将黄色作为标志色和宣传色。

一提起蓝色，人们便容易联想起苍凉蔚蓝的天空和平静湛蓝的大海。通过添加蓝色，能够创造一种恬静、放松的购物环境。蓝色常常被作为一种基本色，尤其在男士用品店，往往具备一种深沉的力量。

绿色则表示清新的春天及和平安详的大自然，是被大众广泛接受的颜色。另外，绿色的空间感较强，能让较小的空间显得更为宽阔。

紫色是一种高贵神秘的颜色，也是略带忧郁的颜色，除非为了达到一定效果，一般在店内用得较少。店内用过多的紫色会拉低顾客的情绪。

不同的色彩组合可以表现出不同的情感和气氛。为了表现和谐与美丽，可以用对比色组合，如红色与白色、黑色与白色、蓝色与白色等。而要表现优雅与稳重，则可用不同深浅的同色组合，如蓝紫色与浅蓝色、深褐色与浅褐色、绿色与浅绿色等。另外，色彩的对比与组合不同，商品及广告文字的醒目程度就不同。

（2）色彩的深度。在色彩的深度上也应该仔细研究。通过各种色彩不同程度的合理运用，能让店内许多实物设施产生崭新的、更加吸引人的视觉效果。一般来讲，比较淡的颜色能产生一种放大的效果，而比较浓的颜色产生的效果相反。例如，应用较浓的暖色调（如棕色）作为窄墙的基本色，而用较淡的冷色调（如青色）作为宽墙的基本色，都能创造较好的视觉效果。比较淡的中等色调（如灰色）常常用于固定设施，这种色调让人感觉到温暖柔软，并且能保证其与商品较为紧密地结合在一起。较浓的颜色能够有效地吸引顾客的注意力。

（3）色彩的亮度。色彩的亮度与深度一样，也会在一定程度上让顾客对一些实物的大小形成错觉。明亮的颜色使人感觉到实物的硬度，而暗淡的颜色则让人感觉较为柔软。儿童一般喜欢明亮的颜色，因而儿童用品店经常使用明亮的颜色，而成人商品店一般使用暗淡的颜色。

**【案例 3-2】**

### 麦当劳快餐店的装饰色

麦当劳快餐店（见图 3-3）的色彩组合搭配就是以暖色为主，使人产生温暖、活跃、热烈的心理感受。这主要是基于吸引快餐店的主要顾客是青少年/儿童考虑的。

图3-3 麦当劳快餐店

4．用音乐刺激顾客的购买欲

声音是店内气氛的重要组成部分。声音的种类和密度可产生积极的影响，但是各种声响一旦超过一定限度，就会使顾客心烦意乱，注意力分散。因此，零售企业要善于区分音乐与噪声。

（1）积极的音响效果。调查表明，在店内播放柔和、慢节奏的音乐会使销售额增加40%。快节奏的音乐会使顾客在店内流连的时间缩短，导致购买的商品减少，这个秘诀早已被精明的零售企业经营者熟知。为改善和活跃店内的听觉环境，零售企业要控制噪声并多使用乐曲。

（2）利用音响，提示顾客。广播提示是十分必要的音响利用手段。这一方法尤其适用于零售店的促销活动期间，通过广播告知顾客店内正在做促销，并告知顾客促销的地点、商品和办法。因为大型零售店销售的商品品种多、场地大，顾客很难全面获得商品的信息，这时广播就是一种较好的方式。可以利用音响吸引顾客的注意力；播放背景音乐，营造购物气氛；通过隔音设备和消音设备控制噪声。

（3）运用音乐的相关技巧。背景音乐的选择一定要结合零售企业的特点和顾客群体，以形成一定的风格。应注意音量高低的控制既不能影响顾客说话，又不能被店内外的噪声淹没。音乐的播放也要适时、有度。如果音乐给顾客的印象过于嘈杂，使顾客产生不适感或注意力被分散甚至厌烦，不仅达不到预期效果，还会适得其反。

乐曲的选择必须适应顾客一定时期的心态。在炎炎夏日，店内播放涓涓流水和辽阔草原的悠扬乐曲，能使顾客在炎热中感受到清新和舒适；在大拍卖时，就可以播放一些节奏较快、旋律较强劲的乐曲，使顾客产生抢购的冲动。

### 5．“气味”的妙用

【案例3-3】

**美国仙爱尔芳香技术有限公司**

据美国《时代》周刊介绍，使用芳香产品，让空气中充满诱人的气味，已经成为不少商家诱惑顾客掏钱购物的方法；美国甚至出现了专门为商店设计气味的公司。美国仙爱尔芳香技术有限公司是全球公认的香味传递解决方案的领袖。

全美范围内的索尼专卖店用的都是“仙爱尔”产品，这为其专卖店创造了一种具有标志性的香味。在鉴别了数种备选香味之后，索尼专卖店选择的是结合了柑橘与香草，还有一些其他香味组成的香料。

索尼公司的高级创意总监说道：“我们独有的香味散发着积极向上的热情，并令人印象深刻。我们很高兴得到顾客的一致好评。”

在零售店里，宜人的气味通常能对人们产生积极的影响。空气污浊、有异味的商店，顾客不会久留；而清新、令人心旷神怡的购物环境，则会使顾客得到美的享受。店内根据经营的商品特征，适宜地散发出一些宜人的气味，能使顾客在购买活动中精神爽快、心情舒畅。因此，气味也是刺激消费不可缺少的“添加剂”。

一般情况下，巧克力、新鲜面包、橘子、玉米、咖啡等的气味对增进人们的愉快心情是大有帮助的。花店中的花香气味、皮革店中的皮革气味、茶叶店中的清香气味等，均是与这些商品相协调的。反之，不协调的气味则会使人反感，有赶走顾客的副作用。

商店要有良好的通风设备；采用空气过滤设备，定期释放一些芳香气味；对商品应经常检查，以防霉烂变质，散发不良味道；要防止商品相互串味，不同味道的商品要隔离布置，避免相互影响，如化妆品柜台应与食品柜台隔离，茶叶柜台应与香皂、洗衣粉等日用品柜台隔离。各种商品的气味要与顾客的嗅觉限度相适应。如果商店新开张或刚装修完，有很大异味但在短时间内无法消除，商店应以在店内张贴说明或告示的形式，向顾客说明情况并表示歉意。

### 6．商品陈列的技巧

（1）商品吸引力倍增的陈列法。不同的零售店，相同商品的陈列也各有不同。商品陈列应随着时间和季节等外部环境的变化而变化，一成不变的商品陈列根本无法吸引顾客的目光。变化的商品陈列是零售店能够取得良好销售业绩的途径之一，它可为零售店的日常经营带来活力。检查一项商品陈列是否成功的唯一标准，是商品的销售业绩。

① 将现有商品集中堆放，以凸显气势。

② 正确贴上价格标签。

③ 完成陈列后，故意拿掉几件商品，一来方便顾客拿取，二来可营造产品销售良好的气氛。

④ 配合空间陈列，充分利用广告宣传品吸引顾客的注意力。

⑤ 陈列时将本企业的产品与其他企业的产品明显地区分开来。

⑥ 可以运用整堆不规则的陈列法，既可以节省陈列时间，也可以营造特价优惠的氛围。

【案例 3-4】

### 世界著名的连锁便利店 7-11

7-11 便利店内的商品一般为 3000 多种，店铺营业面积一般为 100 多平方米，每天的客流量有 1000 多人，每 3 天就要更换 1500 多种商品。

在商品陈列管理上，7-11 便利店每周都会有一本至少 50 多页的陈列建议彩图。其内容包括张贴画的设计，新商品的摆放、设置等，其目的在于提高各零售店的商品陈列水平。每年春秋两季还要举办商品展示会，向各家零售店展示标准化的商品陈列方式。参加这种展示会的只能是 7-11 便利店的售货员和各加盟店的售货员，展示会会提出 7-11 便利店半年内的商品陈列和发展战略。此外，7-11 便利店还按月、按周对商品陈列工作进行指导。例如，圣诞节来临之际，圣诞商品的陈列、店铺的装修等都是在总部指导下进行的。

（2）艺术化商品陈列法。近年来，各大商场都在重新装修，提高商品展示环境的质量。各小型零售店也挖空心思来装点门面，进行极富艺术性的商品陈列，以提高商品销售量。聪明的商家在商品陈列上总是尽可能充分地展示商品的美。

服装、珠宝及 K 金饰品类商品在展示外在美方面的表现较为突出，其陈列效果与销售的关系也较为密切。一件高档时装，如果把它很随意地挂在普通衣架上，其高档次就显现不出来，顾客就可能看不上眼；如果把它“穿”在模特身上，用射灯照着，再配以其他衬托和装饰，其高雅的款式、精细的做工就很清楚地呈现在顾客面前，顾客也就很容易为之所动。又比如金银饰品，如果把它放在普通铝合金柜台内，灯光暗淡，对顾客购买欲的刺激就会大打折扣；如果把它放在高贵典雅的柜台内，再以高级天鹅绒铺垫，用柔和的灯光照着，使K金光芒四射，宝石熠熠生辉，这对顾客是一种什么刺激，不难想象。

（3）显而易见的商品陈列法。要使顾客一眼就能看到商品并且看清商品，必须注意陈列商品的位置和高度，陈列商品与顾客之间的距离及商品陈列的方式等因素。通常，人们无意识的观望高度为0.7～1.7米，上下幅度为1米，通常与视线大约呈30°角范围内的物品较引人注目，这就需要零售店根据消费者的观望高度与视角，在有限的空间内将商品陈列于最佳位置。

不应出现有顾客看不到的地方或有商品被其他商品遮挡的情形。要做到使顾客一下就能看到，就必须符合以下条件：贴有价格标签的商品正面要面向顾客；每种商品都不能被其他商品挡住视线；敞开式销售的货架下层不易使顾客看清陈列商品，可以向后倾斜陈列。陈列的主要目的，在于造出"先声夺人"之势，即将商品全方位地展现给顾客。

## 练习与实训

一、单项选择题（从四个选项中选择一个正确答案）

1．按商业企业在商品流通中所处的地位和作用，商业企业可分为批发企业和（　　）。

A．国有独资商业企业　　B．集体所有制商业企业

C．股份制有限责任公司　　D．零售企业

2．内部以百货店或大型综合超市为核心店，由各种专业店、专卖店、餐饮、娱乐设施共同构成的零售业态是（　　）。

A．便利店　　B．折扣店　　C．百货店　　D．购物中心

3．商品平均价格低于市场平均水平，自有品牌占有一定比例的零售业态是（　　）。

A．便利店　　B．折扣店　　C．百货店　　D．购物中心

4．不属于无店铺零售业态的是（　　）。

A．网上商店　　B．自动售货亭　　C．电话购物　　D．便利店

5．（　　）是零售企业经营成功的奥秘所在。

A．企业的规模大　　B．企业提供的良好的服务

C．企业商品的档次高　　D．企业提供的良好的购物环境

6．据调查，顾客对零售企业卖场环境最为关心的是（　　）。

A．开放式，容易进入　　B．购物环境清洁明亮

C．服务人员态度好　　D．商品标价清楚

7．在对店内进行空间色彩处理时应把握好色彩的（　　）。

A．类别　　B．深度　　C．亮度　　D．以上所有

8．增加商品吸引力的陈列方式是（　　）。

A．将现有商品集中堆放，以凸显气势

B．配合空间陈列，充分利用广告宣传品吸引顾客的注意力

C．陈列时将本企业的产品与其他企业的产品明显地区分开来

D．以上所有

9．要使顾客一眼就能看到商品并且看清商品，必须注意（　　）。

A．陈列商品的位置和高度　　B．商品陈列的方式

C．陈列商品与顾客之间的距离　　D．以上所有

**二、判断题（正确的打“√”，错误的打“×”）**

1．商业企业按所有制形式分类，可分为公有制商业企业和非公有制商业企业。（　　）

2．批发企业是以大宗的、整批的交易批量供应零售企业或其他批发企业用于交易，或者供应生产企业用于进一步加工并销售的商业企业。它处于商品流通的终点环节。（　　）

3．百货店位于城市繁华区的交通要道或郊区重要地段，以追求时尚和有品位的流动顾客为主。（　　）

4．零售企业是以商品直接供应居民用于生活消费或供应集团单位用于非生产和生活消费的商业企业。（　　）

5．调查表明，在店内播放慢节奏的音乐会使顾客在店内流连的时间缩短，导致购买的商品减少。（　　）

6．在大拍卖时，零售企业可以播放一些节奏较快、旋律较强劲的乐曲，使顾客产生抢购的冲动。（　　）

7．通常与视线大约呈30°角范围内的物品较引人注目，这就需要零售店在有限的空间内将商品陈列于最佳位置。（　　）

8．敞开式销售的货架下层不易使顾客看清陈列商品，可以向后倾斜陈列。（　　）

## 三、简答题

1．简述零售企业的特点。

2．简述零售企业内部设计的要点。

3．运用所学知识简述家乐福成功的秘籍。

# 单元4　商 品 知 识

## 学习目标

1．掌握商品的概念；

2．了解商品不同层次的分类；

3．了解各类商品编码；

4．掌握各类商品标志。

**【案例】**

### 麦琪①的礼物

有一对贫穷的美国夫妻，他们非常恩爱。夫妇俩各有一件特别自豪的东西，一件是丈夫吉姆三代祖传的金表，另一件是妻子德拉的秀发。德拉的秀发披散在身上，微波起伏，闪耀光芒，犹如褐色的瀑布。她的美发长及膝下，仿佛是她的一件长袍。

有一年，他们都打算送对方一个圣诞礼物。德拉想着吉姆祖传的金表没有表链，送个表链给吉姆吧！而吉姆想着德拉整天辛苦做家务，漂亮的秀发从来没有装扮过，应该送一只漂亮的发卡给德拉。可是家里的全部积蓄只有一元八角七分钱。到了圣诞节，德拉剪断了自己的秀发并将其变卖，给吉姆买了一条镂刻着花纹的白金表链；而吉姆把手表变卖后，给德拉买回了一套纯玳瑁做的，边上镶着珠宝，和她那秀发相配的精美发卡。

他们都收到了精美的圣诞礼物，但却无法使用……

故事结果令人伤感，但是从这则故事中却能发现一个事实：在我们的生活中，

---

① 此处的“麦琪”泛指愿意为了心爱的人付出自己最珍贵的物品的一类人。

很多物品是需要花钱购买的，如商品房、汽车、书包、课本等；而有些物品却不需要购买，如空气、小石头等。这是为什么呢？

## 一、商品的概念

商品是指用来交换，并能满足人们的某种消费需要的劳动产品。商品是一种有特指范畴的产品。

### 1．商品是劳动的产物

商品是由人们的劳动创造出来的，这种产品可以是有形的，也可以是无形的。有形商品通常是需要人们经过设计、加工、制作等一系列劳动而产生的产品。这里特别强调指出，它必须是经过劳动而获得的。无形商品多半在服务行业，如知识、技术等。

**动脑筋**

德拉漂亮的秀发是商品吗？某些天然的物品，如空气、自然水、沙石等，它们是商品吗？如果将河沙挖出后，装袋或装车出售，用来做建筑材料，是否构成商品？

### 2．商品能满足人们和社会的某种需要

商品能满足人们和社会的某种需要指商品的使用价值，即商品的有用性。商品如果不能满足人们的明确需要或隐含需要就失去了其使用价值。失去了使用价值的劳动产品，如废弃、假冒的劳动产品，不能算商品。

### 3．商品必须用于交换

为自己消费而生产的产品不是商品，为他人生产的产品，如不经交换也不是商品。因为这类劳动产品，只有使用价值，不能体现货币交换形式。商品是供他人或社会消费的，而不是供生产者或经营者自身消费的劳动产品。商品必须是通过交换的劳动产品，也就是说，商品必须进入市场，并受市场规律（如价值规律、供求规律、竞争规律等）的制约。

**动脑筋**

手工业者自产自用的手工艺品和农民自产自用的农副产品是商品吗？

## 二、商品分类及编码

某商场商品经营分类实例：某中型商场三楼有四个柜组，分别是视听家电柜组、文化办公柜组、体育娱乐用品柜组和五金交电柜组。商品经营分类如表 4-1 所示。

表 4-1 商品经营分类

| 柜 组 名 称 | 经营商品品种 |
| --- | --- |
| 视听家电 | 电视、音响、影碟机、摄像机、计算机、游戏机、辅助器材 |
| 文化办公 | 文具、纸本、档案用品、办公器材、通信器材、工艺礼品、相册相框 |
| 体育娱乐 | 娱乐用品、球类/球具、运动器材、健身器材、保健器械 |
| 五金交电 | 自行车配件、灯具照明、电工电料、家用五金、汽摩用品、维修工具 |

从表 4-1 中可知，该商场四个柜组各自经营的商品都有与柜组名称不符的情况，实际是与柜组分工情况不相符，这会给店内管理和顾客选购商品带来不便。所以科学的商品分类对企业的经营起着重要的作用。

### 1. 商品分类的概念

商品分类是指根据一定的目的，为满足商品生产、流通、经济管理及人们生活需要，选择适当的分类标志或特征，将商品科学地、系统地逐层逐级划分，直至最小单元的过程。不同国家、不同历史阶段，商品所包括的范围并不完全相同。因此，商品分类的对象也不尽相同，商品分类的层次也不一样。目前，我国通常将商品分成大类、中类（商品品类）、小类（商品品种）、细目四级。

（1）大类。商品大类体现商品生产和流通领域的行业分工，既要与生产行业对口，又要与流通组织相适应。例如，根据生产和流通的需要，商品可分为五金类、交电类、化工类、日用百货类、针纺织类、钟表文化类、食品类、水产类等。

（2）中类（商品品类）。中类即商品品类，又称商品组别，是对大类商品组别的进一步划分，体现具有若干共同性质或特征的商品总称。例如，食品类商品又可分为蔬菜和果品、肉和肉制品、乳和乳制品、蛋和蛋制品、食糖、茶叶等。

（3）小类（商品品种）。小类即商品品种，是对中类商品的进一步划分，体现具体的商品名称。例如，按商品的性能、成分等方面的特征来划分，茶叶又可分为红茶、绿茶、黑茶、白茶等。

（4）细目。细目是对商品品种的详尽区分，包括商品的规格、花色、等级等，更具体地反映商品的特征，如红茶有小种红茶、工夫红茶等。

### 牛刀小试

请课外调查商场和超市的商品分成了哪些大类、中类、小类和细目。

### 2. 商品编码

商品编码又称商品代码、商品编号、商品代号，是指赋予某种商品或某类商品的代表符号。符号可以由字母、数字和特殊标记组成。

商品的科学分类是建立商品分类体系和编制商品目录的基础，是科学编码的前提。同时，商品编码又是商品分类体系和商品目录的重要组成部分，是进行商品科学分类的一种手段。因此，商品编码与商品分类密切相关，分类在先，编码在后，在实践中又称商品分类编码。

商品编码按其所用的符号类型分为条码和数字代码、字母代码、字母与数字混合代码四种。在商品分类编码中，普遍采用的是条码和数字代码。这里只介绍条码。

### 小贴士

**条码**

条码是将宽度不等的多个黑条和空白，按照一定的编码规则排列，用以表达一组信息的图形标记。常见的条码是由反射率相差较大的黑条和白条排成的平行线图案，可以标出物品的生产国、制造厂家、商品名称、生产日期、图书分类号、邮件起止地点、类别、日期等许多信息。因而，条码在商品流通、图书管理、邮政管理、银行系统等许多领域都得到了广泛的应用，如图 4-1 所示。

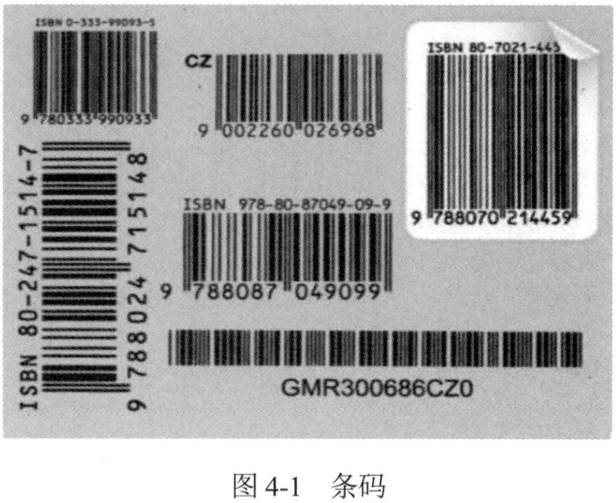


图 4-1　条码

3．商品条码

目前，世界上许多国家都在使用条码，只要将条码对准光电扫描器，计算机就能自动识别条码的信息，确定商品名称、品种、数量、生产日期、制造厂商、产地等，并据此在数据库中查询单价，进行货款结算，打出购货清单，这就有效地提高了结算的效率和准确性，也方便了顾客。商品条码是快速、准确地进行物流控制的现代化手段。没有条码的商品难以在国际市场上流通，也不能进入超市。

自条码问世以来，为适应多种需要，产生了很多编码系统，但目前得到国际公认用于商品包装中的主要有两种，即商品统一代码（Universal Product Code，UPC）和欧洲物品编码（European Article Number，EAN）。这两种编码系统属于同一类型，每个字符均由数条黑白相间的条纹组成。中间有两条窄条纹向下伸出少许，将条码分成左右两部分。这两种条码虽然只能表示0～9十个数字，但具有高度的查核能力，扫描操作简单可靠。我国产品销往美国和加拿大使用UPC条码，而出口到其他国家和地区则使用EAN条码。

（1）UPC条码。如图4-2所示，UPC条码由美国和加拿大共同组织的统一编码委员会（Universal Code Council，UCC）选定，以IBM公司提供的技术为基础，作为美国和加拿大产品统一的标记。

UPC条码由11位数字的通用代码和1位校验码组成。其中，产品代码的第1位数字为编码系统字符；中间的前5位数字为制造商号，后5位数字为产品代码。

（2）EAN条码。如图4-3所示，EAN条码是欧洲共同体的欧洲物品编码组织（European Article Numbering Association）吸取了UPC条码的经验而确立的物品标记。该组织于2005年2月改名为国际物品编码组织（Global Standards 1，GS1）。除欧洲外，日本、菲律宾等许多其他亚洲国家也使用此条码，我国于1991年7月加入该组织。

图4-2　UPC条码

EAN-13　EAN-8

图4-3　EAN条码

EAN条码有标准码（EAN-13）和缩短码（EAN-8）两种形式。

① 标准码（EAN-13）。

由13位数字构成的条码称为标准码，我国大陆地区标准码的13位数字构成分两种情况。

Ⅰ. 以 690、691 开头的条码，由 7 位厂商识别代码（包含 3 位前缀码）、5 位商品项目代码及 1 位校验码构成，如图 4-4 所示。

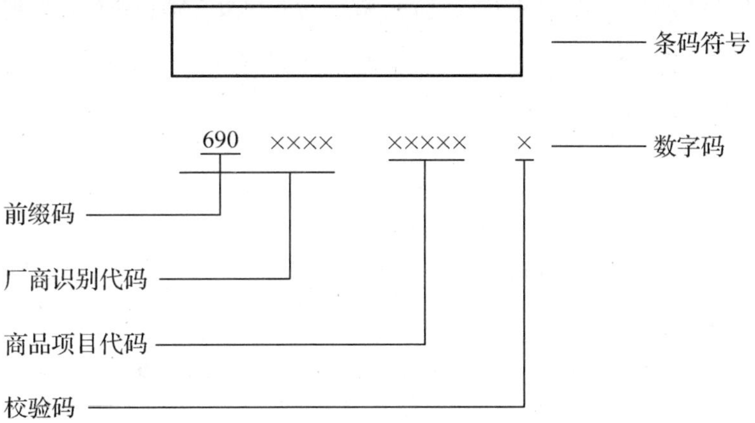


图 4-4　我国大陆地区 EAN-13 条码结构示意图（1）

Ⅱ. 以 692～699 开头的条码，由 8 位厂商识别代码（包含 3 位前缀码）、4 位商品项目代码及 1 位校验码构成，如图 4-5 所示。

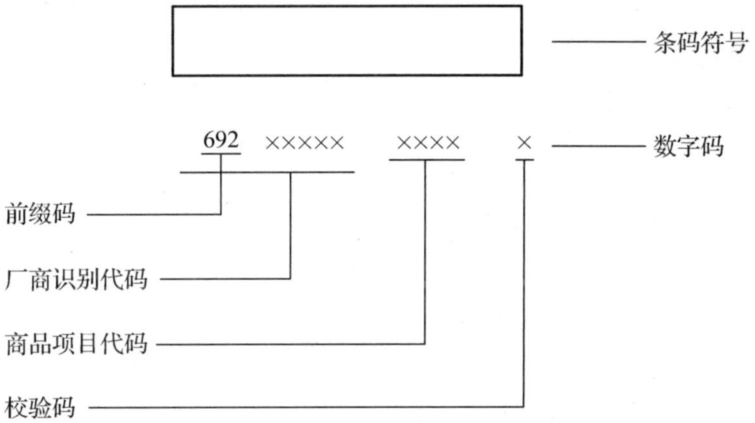


图 4-5　我国大陆地区 EAN-13 条码结构示意图（2）

**小贴士**

### EAN-13 的代码结构

EAN-13 的代码结构由厂商识别代码、商品项目代码和校验码组成。

厂商识别代码的前三位是国际物品编码组织分配给中国物品编码中心的前缀码。厂商识别代码是中国物品编码中心统一分配给申请厂商的代码。

商品项目代码由厂商根据商品条码编码唯一性原则自行分配。对同一商品项目应分配相同的商品项目代码，对不同商品项目应分配不同的商品项目代码。

校验码是用来校验编码正误的。

例如，某款运动饮料的 EAN-13 的代码为 6934502301867，其中 693 代表中国物品编码中心，45023 代表该款运动饮料的生产厂家，0186 是该款运动饮料的商品代码，7 是校验码。

### 动脑筋

你知道如何用校验码来校验商品条码前 1～12 位数字的正确性吗？找一个商品条码，用下面的公式算一算。

偶数位数字之和×3　①式

奇数位数字之和　　②式

①式+②式　　　　③式

10−③式中的个位数=校验码

② 缩短码（EAN-8）。

由 8 位数字构成的条码称为缩短码，只有当标准码尺寸超过总印刷面积的 25%时，才允许申报使用缩短码。

以我国大陆地区的商品为例，缩短码的 8 位数字是由 3 位前缀码、4 位商品项目代码和 1 位校验码构成的，如图 4-6 所示。

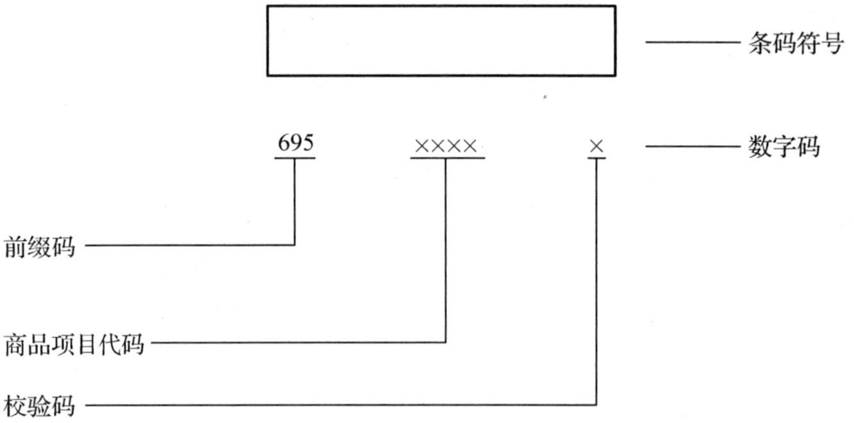


图 4-6　我国大陆地区 EAN -8 条码结构示意图

### 知识链接

国际物品编码组织已分配的前缀码如表 4-2 所示。

### 表4-2 国际物品编码组织已分配的前缀码

| 前缀码 | 编码组织所在国家（或地区）/应用领域 | 前缀码 | 编码组织所在国家（或地区）/应用领域 |
|---|---|---|---|
| 00001～00009<br>0001～0009<br>001～019<br>030～039<br>050～059<br>060～139 | 美国 | 487 | 哈萨克斯坦 |
| 020～029<br>040～049<br>200～299 | 店内码 | 488 | 塔吉克斯坦 |
| 300～379 | 法国 | 489 | 中国香港特别行政区 |
| 380 | 保加利亚 | 500～509 | 英国 |
| 383 | 斯洛文尼亚 | 520～521 | 希腊 |
| 385 | 克罗地亚 | 528 | 黎巴嫩 |
| 387 | 波黑 | 529 | 塞浦路斯 |
| 389 | 黑山共和国 | 530 | 阿尔巴尼亚 |
| 400～440 | 德国 | 531 | 马其顿 |
| 450～459<br>490～499 | 日本 | 535 | 马耳他 |
| 460～469 | 俄罗斯 | 539 | 爱尔兰 |
| 470 | 吉尔吉斯斯坦 | 540～549 | 比利时和卢森堡 |
| 471 | 中国台湾 | 560 | 葡萄牙 |
| 474 | 爱沙尼亚 | 569 | 冰岛 |
| 475 | 拉脱维亚 | 570～579 | 丹麦 |
| 476 | 阿塞拜疆 | 590 | 波兰 |
| 477 | 立陶宛 | 594 | 罗马尼亚 |
| 478 | 乌兹别克斯坦 | 599 | 匈牙利 |
| 479 | 斯里兰卡 | 600～601 | 南非 |
| 480 | 菲律宾 | 603 | 加纳 |
| 481 | 白俄罗斯 | 604 | 塞内加尔 |
| 482 | 乌克兰 | 608 | 巴林 |
| 483 | 土库曼斯坦 | 609 | 毛里求斯 |
| 484 | 摩尔多瓦 | 611 | 摩洛哥 |
| 485 | 亚美尼亚 | 613 | 阿尔及利亚 |
| 486 | 格鲁吉亚 | 615 | 尼日利亚 |

续表

| 前　缀　码 | 编码组织所在国家（或地区）/应用领域 | 前　缀　码 | 编码组织所在国家（或地区）/应用领域 |
|---|---|---|---|
| 616 | 肯尼亚 | 777 | 玻利维亚 |
| 617 | 喀麦隆 | 778～779 | 阿根廷 |
| 618 | 科特迪瓦 | 780 | 智利 |
| 619 | 突尼斯 | 784 | 巴拉圭 |
| 620 | 坦桑尼亚 | 786 | 厄瓜多尔 |
| 621 | 叙利亚 | 789～790 | 巴西 |
| 622 | 埃及 | 800～839 | 意大利 |
| 623 | 文莱 | 840～849 | 西班牙 |
| 624 | 利比亚 | 850 | 古巴 |
| 625 | 约旦 | 858 | 斯洛伐克 |
| 626 | 伊朗 | 859 | 捷克 |
| 627 | 科威特 | 860 | 南斯拉夫 |
| 628 | 沙特阿拉伯 | 865 | 蒙古 |
| 629 | 阿拉伯联合酋长国 | 867 | 朝鲜 |
| 640～649 | 芬兰 | 868～869 | 土耳其 |
| 690～699 | 中国大陆地区 | 870～879 | 荷兰 |
| 700～709 | 挪威 | 880 | 韩国 |
| 729 | 以色列 | 883 | 缅甸 |
| 730～739 | 瑞典 | 884 | 柬埔寨 |
| 740 | 危地马拉 | 885 | 泰国 |
| 741 | 萨尔瓦多 | 888 | 新加坡 |
| 742 | 洪都拉斯 | 890 | 印度 |
| 743 | 尼加拉瓜 | 893 | 越南 |
| 744 | 哥斯达黎加 | 896 | 巴基斯坦 |
| 745 | 巴拿马 | 899 | 印度尼西亚 |
| 746 | 多米尼加 | 900～919 | 奥地利 |
| 750 | 墨西哥 | 930～939 | 澳大利亚 |
| 754～755 | 加拿大 | 940～949 | 新西兰 |
| 759 | 委内瑞拉 | 950 | GS1 总部 |
| 760～769 | 瑞士 | 951 | GS1 总部（产品电子代码） |
| 770～771 | 哥伦比亚 | 955 | 马来西亚 |
| 773 | 乌拉圭 | 958 | 中国澳门特别行政区 |
| 775 | 秘鲁 | 960～969 | GS1 总部（缩短码） |

续表

| 前缀码 | 编码组织所在国家（或地区）/应用领域 | 前缀码 | 编码组织所在国家（或地区）/应用领域 |
|---|---|---|---|
| 977 | 连续出版物 | 981～984 | 普通流通券 |
| 978～979 | 图书 | 99 | 优惠券 |
| 980 | 应收票据 | | |

小贴士

**出版物使用的条码**

出版物使用的条码（见图 4-7）是 EAN-13 条码。出版物条码一般印刷在图书（期刊）的封底（或护封）左下角，条的方向与书脊平行（或垂直），也可根据需要将条码印在封二左下角，书脊在右时，一般应将条码印在封底（或护封）右下角，条的方向与书脊平行（或垂直），也可将条码印在封二右上角。

ISBN 978-7-80758-192-5

9 787807 581925 >

图 4-7　出版物条码

# 三、商品包装及标志

## 1．商品包装

商品包装是商品生产的继续，凡需要包装的商品，只有通过包装，才算完成生产过程，商品才能进入流通领域和消费领域，实现其价值。这是因为，包装是保护商品在流通过程中质量完好和数量完整的重要措施，有些商品甚至根本离不开包装。商品与包装是不可分割的统一体。

以包装在商品流通中的作用为分类标志，可分为运输包装和销售包装。

（1）运输包装。运输包装是指用于安全运输、保护商品的较大单元的包装形式，又称外包装或大包装，如纸箱、木箱、桶、集合包装、托盘包装等。运输包装的特点一般是体积较大，外形尺寸标准化程度高，坚固耐用，广泛采用集合包装，表面印有明显的识别标志，主要功能是保护商品，方便运输、装卸和储存。运输包装箱如图 4-8 所示。

（2）销售包装。销售包装是指以一个商品作为一个销售单元的包装形式或若干单体商品组成一个小的整体销售包装，又称小包装。销售包装的特点一般是包装件小，技术要求是美观、安全、卫生、新颖、易于携带，印刷装潢要求较高。销售包装一般随商品销售给顾客，起着直接保护商品、宣传和促进商品销售的作用，同时，也起着保护优质名牌商品，以防假冒的作用。销售包装如图 4-9 所示。

图 4-8 运输包装箱

图 4-9 销售包装

小贴士

**商品包装业环保化**

据相关部门的统计，在 10 多年前，中国每年有近 240 亿美元的出口商品因达不到包装要求而受影响，其中相当一部分是由于包装不符合绿色要求造成的。鉴于此，国家发展和改革委员会已制定政策，实施新包装行业标准，以促进商品包装业环保化进程的加快。

**2．产品标志**

为了规范产品标志，引导企业正确地标注产品标志，明示产品质量信息，保护企业、用户、消费者的权益，原国家质量技术监督局（2001 年与国家出入境检验检疫局合并为国家质量监督检验检疫总局；2018 年将国家质量监督检验检疫总局的职责整合，组建国家市场监督管理总局）制定了《产品标识标注规定》，成为产品标志标注的法律依据。2014 年 7 月 2 日，《产品标识标注规定》废止后，标志标注的依据是《产品质量法》和相关领域的法律法规。

产品标志是指为识别产品及其质量、数量、特征、特性和使用方法所做的各种表示的统称，是生产者为使产品区别于其他生产者的产品而赋予本企业产品的一种标记，也是由国家、行业、专门组织及协会对生产者产品的有关特性（如质量参数、服务及其他）的专门认可标记。标记的常见表现形式为图形、文字、数字、符号及其他。

收银员在日常生活中应注意收集、掌握各种常见产品标志，特别是自己所在企业经营的产品，必须熟悉其标志的图案、数字、符号的内涵，能够很快地进行识别。常见的产品标志主要有以下几种。

（1）国家免检产品标志。获得国家免检产品标志的条件如下：产品质量长期稳定，企业有完善的质量保证体系，市场占有率高，经济效益在本行业内排名前列，产品标准达到或严于国家标准要求，产品经省级以上质量技术监督部门连续三次以上监督检查均为合格，产品符合国家有关法律法规和国家产业政策。国家免检产品标志如图 4-10 所示。

图4-10　国家免检产品标志

小贴士

### 停止所有食品类生产企业国家免检产品资格

原国家质量监督检验检疫总局 2008 年 9 月 17 日发布公告，决定从即日起，停止所有食品类生产企业获得的国家免检产品资格，相关企业要立即停止其国家免检产品资格的相关宣传活动，其生产的产品和印制在包装上已使用的国家免检产品标志不再有效。公告称，鉴于石家庄三鹿集团股份有限公司生产的婴幼儿配方乳粉发生重大食品安全事故，部分企业生产的个别批次的婴幼儿配方乳粉检出不同含量的三聚氰胺，考虑到食品的特殊性和导致食品安全事故因素的复杂性，为进一步加大对食品生产企业的监管力度，确保食品安全，切实维护消费者利益，经研究决定，停止实行食品类生产企业国家免检。

（2）中国强制性产品认证标志。中国强制性产品认证（China Compulsory Certification，CCC）制度简称 3C 认证制度，是我国政府按照世界贸易组织有关协议和国际通行规则，为保护广大消费者人身和动植物生命安全、保护环境、保护国家安全，依照法律法规实施的一种产品合格评定制度。主要特点如下：国家公布统一目录，确定统一适用的国家标准、技术规则和实施程序，制定统一的标志，规定统一的收费标准。凡列入 3C 认证目录的产品，必须经国家指定的认证机构认证合格，取得相关证书并加施认证标志后，方能出厂、进口、销售和在经营服务场所使用。3C 认证标志如图 4-11 所示。

（3）工业产品生产许可证标志。国家规定，企业必须在其产品或包装、说明书上标注工业产品生产许可证标志和编号。销售和在经营活动中使用列入目录产品的企业，应当查验产品的工业产品生产许可证标志和编号。

工业产品生产许可证标志由“企业产品生产许可”拼音 Qiyechanpin Shengchanxuke 的缩写“QS”和“生产许可”中文字样组成。

产品加贴工业产品生产许可证标志后有两个含义：一是表明该产品的生产加工企业经过了质监部门严格的审查，并经发证检验合格后取得了生产许可证；二是表明企业承诺其产品经检验合格，符合生产的基本要求。工业产品生产许可证标志如图 4-12 所示。标志主色调为蓝色，字母“Q”与“生产许可”四个中文字样为蓝色，字母“S”为白色。

图 4-11　3C 认证标志

图 4-12　工业产品生产许可证标志

**小贴士**

### 工业产品生产许可证标志

我国的工业产品生产许可证标志以往为质量安全（QS）标志，主要用于食品质量安全领域。

自 2005 年 9 月 1 日起，国家将化妆品、眼镜等工业产品也加入质量安全标志的行列，进行严格监管。从外形上看，工业产品的质量安全标志与食品质量安全标志相似，唯一不同之处在于编号。

自 2010 年 6 月 1 日起，国家将工业产品的质量安全标志修改为生产许可证标志。

（4）绿色食品标志。绿色食品标志是中国绿色食品发展中心在原国家工商行政管理总局（2018年将国家行政管理总局的职责整合，组建国家市场监督管理总局）商标局注册的质量证明标志，用于证明绿色食品无污染、安全、优质的品质特征。

绿色食品分为A级和AA级两类。这两类的主要区别如下：A级绿色食品在生产过程中允许限量使用限定的化学合成物质；AA级绿色食品在生产过程中不使用任何有害化学合成的农药、肥料、食品添加剂、饲料添加剂、兽药及有害于环境和人体健康的生产资料。绿色食品标志如图4-13所示。

（5）中国名牌产品标志。中国名牌产品是由中国名牌战略推进委员会评选出来的，该称号的有效期为三年。凡荣获中国名牌产品称号的产品按国家有关部门的规定免予各地区、各部门各种形式的质量监督检查，对符合出口免检条件的依法予以优先免检，并自动列入“打击假冒，保护名优”活动中重点保护名优产品的范围。中国名牌产品标志如图4-14所示。

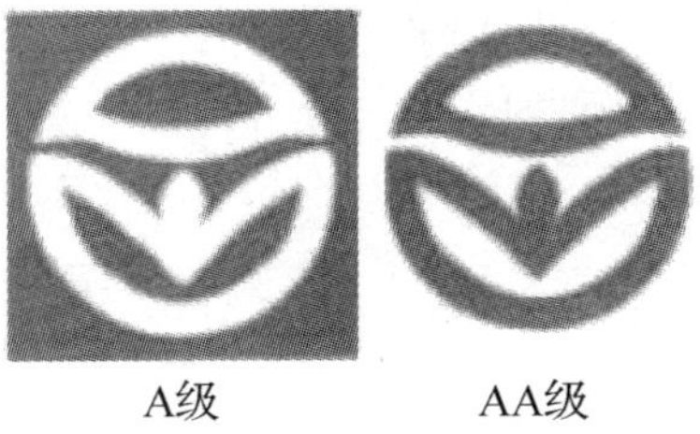

图4-13　绿色食品标志

图4-14　中国名牌产品标志

小贴士

**停止认定中国名牌产品**

根据2018年3月6日原国家质量监督检验检疫总局令第196号，废止《中国名牌产品管理办法》。2018年11月7日，国家市场监督管理总局印发《关于开展名牌评选认定活动清理工作的通知》，要求停止名牌评选认定活动。

牛刀小试

请课外找一找商品上还有哪些其他标志。

## 练习与实训

### 一、单项选择题（从四个选项中选择一个正确答案）

1．下列物品属于商品的是（　　）。

A．自产自用的蔬菜　　B．报废的劳动产品

C．江河中的沙砾　　D．商场销售的童装

2．不属于商品必须满足的条件的是（　　）。

A．劳动产物　　B．有用性　　C．用于交换　　D．有形

3．（　　）是对商品品种的详尽区分，包括商品的规格、花色、等级等，更具体地反映商品的特征。

A．大类　　B．中类　　C．小类　　D．细目

4．在商品分类编码中，普遍采用的是条码和（　　）。

A．数字代码　　B．字母代码

C．字母与数字混合代码　　D．符号代码

5．条码表达有关商品的一系列信息，包括（　　）。

A．制造厂商　　B．商品名称　　C．品种　　D．以上所有

6．商品条码中前缀码为 489 的国家或地区是（　　）。

A．美国　　B．英国

C．中国香港特别行政区　　D．哈萨克斯坦

7．销售包装的特点一般是包装件小，技术要求是（　　）。

A．美观　　B．保护商品　　C．坚固耐用　　D．方便装卸

8．工业产品生产许可证标志上的中文字样是（　　）。

A．质量安全　　B．生产许可　　C．质量许可　　D．生产安全

### 二、判断题（正确的打“√”，错误的打“×”）

1．商品编码按其所用的符号类型分为条码和数字代码、字母代码、字母与数字混合代码四种。（　　）

2．只有当标准码尺寸超过总印刷面积的 15%时，才允许申报使用缩短码。（　　）

3．我国产品销往美国和加拿大使用 EAN 条码，而出口到其他国家和地区则使用 UPC 条码。（　　）

4．某 EAN 条码显示为 6921317905168，其数字代码输入是错误的。（ ）

5．我国的工业产品生产许可证标志现在只用于食品质量安全领域。（ ）

6．所谓 3C 认证就是中国强制性产品认证。（ ）

7．AA 级绿色食品在生产过程中允许限量使用限定的化学合成物质。（ ）

## 三、简答题

1．请根据商品的定义回答下面的问题：故事“麦琪的礼物”中，妻子的秀发在未变卖之前是不是商品？妻子的秀发拿去变卖时是商品吗？夫妻两人每天所享受的阳光、空气是不是商品，如果不是，它们又应该叫什么？

2．据农夫山泉官方网站的介绍，农夫山泉矿泉水的水源地之一千岛湖的水域面积达 573 平方千米，湖水清澈，水质清纯甘洌，富含多种矿物质，经过多道工序加工而成。运用商品知识分析天然千岛湖水、采集来的千岛湖水、超市里的农夫山泉矿泉水有何不同。

3．简述商品包装的分类及作用。

# 模块3　票款结算知识

移动支付的出现，丰富了人们购物的结算方式，为人们的生活提供了便利。

作为一名收银员，不仅要面对大量红红绿绿的中外钞票、各种各样的银行卡，还要面对形形色色的移动支付软件。收银员只有拥有一双能识别真假钞票的火眼金睛，一双能够熟练操作银行卡和移动支付软件的灵巧的手，才能够履行好收银职责，为顾客提供更高质量的服务。

同学们，学习财经知识和掌握财经技能是必需的，扎实的专业基础是收银员开展工作、提供服务的前提，现在让我们投入到学习中去吧！

# 单元 5　票款结算技能

学习目标

1．掌握支票审验的内容及要求；

2．掌握支票收银操作流程；

3．掌握开具发票的具体要求。

【案例 5-1】

水菊公司由于财务人员变更，于 2020 年 10 月 14 日到银行变更了预留印鉴。变更后的印鉴从 10 月 18 日开始启用。但是，10 月 17 日，该公司在签发的一张金额为 52000 元的支票上，依然使用了变更前的印鉴。持票人收到支票后，于 10 月 18 日将支票背书委托银行收款。10 月 19 日，付款银行以该支票的签章与银行预留印鉴式样不符为由退票。依照相关规定人民银行对出票人给予了处罚。

核对支票上的签章是否与出票人在银行预留印鉴式样相符，是支票付款银行在付款时应尽的付款审查义务。银行审查的依据是出票人预留在银行印鉴卡上的有效印鉴或签名。

## 一、支票的管理

### 1．支票的定义

支票（Check）是出票人签发，委托办理支票存款业务的银行或者其他金融机构在见票时无条件支付确定的金额给收款人或持票人的票据。

### 2．支票的种类

常见的支票有现金支票和转账支票。现金支票只能用于支取现金；转账支票只能用于转账，不得支取现金。图 5-1 所示为现金支票正面。图 5-2 所示为现金支票存根。图 5-3 所示为现金支票背面。图 5-4 所示为转账支票正面。图 5-5 所示为转账支票背面。

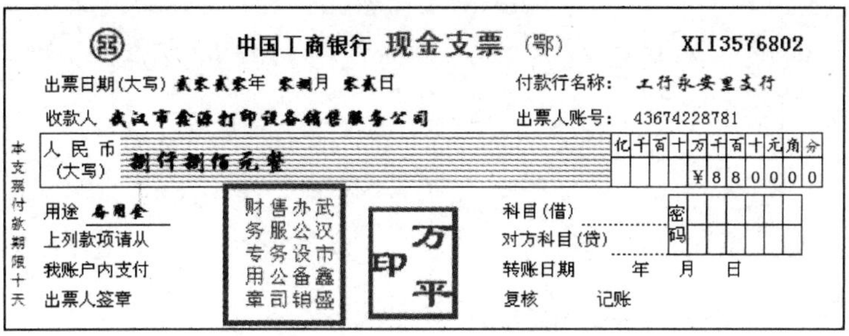

中国工商银行 现金支票 (鄂) XII3576802

出票日期(大写) 贰零贰零年 零捌月 零贰日 付款行名称：工行永安里支行

收款人 武汉市鑫源打印设备销售服务公司 出票人账号：43674228781

本支票付款期限十天

人民币(大写) 捌仟捌佰元整 亿千百十万千百十元角分 ¥880000

用途 备用金 科目(借) 密码

上列款项请从 对方科目(贷)

我账户内支付 转账日期 年 月 日

出票人签章 复核 记账

武汉市鑫盛办公设备销售服务公司财务专用章 万平印

图 5-1 现金支票正面

中国工商银行

现金支票存根

支票号码 XII3576802

科 目

对方科目

签发日期 年 月 日

收款人：

金 额：

用 途：

备 注

单位主管 会计

图 5-2 现金支票正面存根

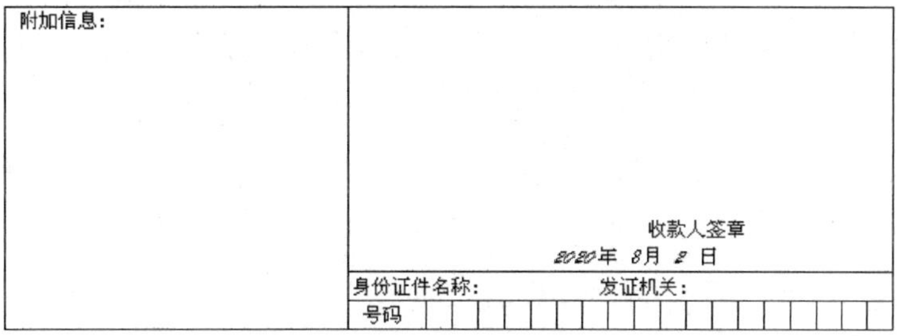

附加信息：

收款人签章

2020 年 8 月 2 日

身份证件名称： 发证机关：

号码

图 5-3 现金支票背面

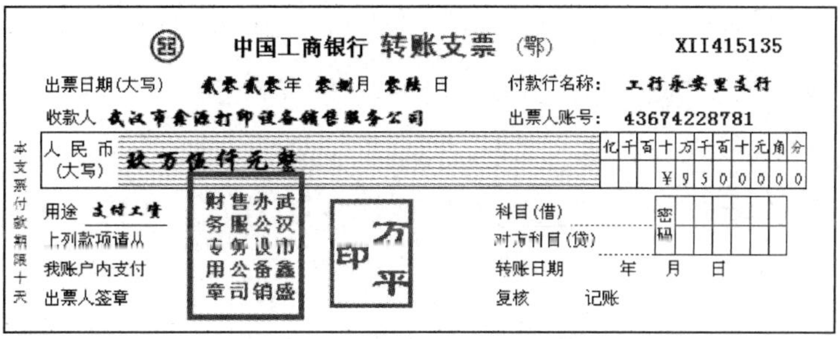

中国工商银行 转账支票 (鄂) XII415135

出票日期(大写) 贰零贰零年 零捌月 零陆日 付款行名称：工行永安里支行

收款人 武汉市鑫源打印设备销售服务公司 出票人账号：43674228781

本支票付款期限十天

人民币(大写) 玖万伍仟元整 亿千百十万千百十元角分 ¥9500000

用途 支付工资 科目(借) 密码

上列款项请从 对方科目(贷)

我账户内支付 转账日期 年 月 日

出票人签章 复核 记账

武汉市鑫盛办公设备销售服务公司财务专用章 万平印

图 5-4 转账支票正面

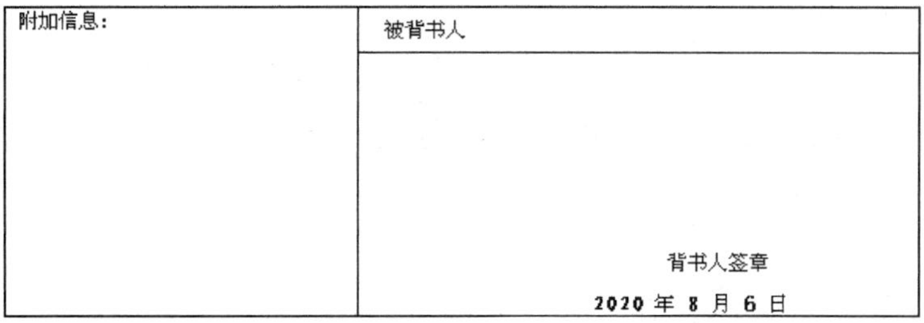

附加信息：

被背书人

背书人签章

2020 年 8 月 6 日

图 5-5 转账支票背面

### 3. 支票的填写要求

（1）出票日期（大写）。支票的出票日期必须大写。大写数字写法：零、壹、贰、叁、肆、伍、陆、柒、捌、玖、拾。

壹月和贰月前的“零”字必须写，叁月至玖月前的“零”字可写可不写；拾月至拾贰月必须分别写成零壹拾月、零壹拾壹月、零壹拾贰月。

壹日至玖日、壹拾日、贰拾日、叁拾日前的“零”字必须写，拾壹日至拾玖日必须写成壹拾壹日至壹拾玖日（前面多写了“零”字也认可，如零壹拾伍日，下同），贰拾壹日至贰拾玖日必须写成贰拾壹日至贰拾玖日，叁拾壹日必须写成叁拾壹日。

举例：

① 2021年7月5日写为贰零贰壹年柒月零伍日。

（柒月前的“零”字可写可不写，伍日前的“零”字必须写。）

② 2022年2月14日写为贰零贰贰年零贰月壹拾肆日。

（2）收款人。现金支票的收款人可为企业名称，此时现金支票背面加盖本单位的财务专用章和法人章，之后收款人可凭现金支票直接到开户银行提取现金（由于有的银行的各营业点联网，所以也可到联网营业点取款，具体要视联网覆盖范围而定）。

现金支票的收款人可为收款人个人姓名，此时现金支票背面不盖任何章，收款人在现金支票背面填上身份证号码和发证机关名称，凭身份证和签字即可领款。

转账支票的收款人应为对方单位名称，此时转账支票背面不盖章，收款单位取得转账支票后，在转账支票背面被背书人栏内加盖收款单位财务专用章和法人章，填写好银行进账单后连同该支票交给收款单位的开户银行，委托银行收款。付款行名称、出票人账号即本单位开户银行名称及银行账号，如中国工商银行永安里支行43674228781（账号小写）。

（3）人民币（大写）。大写数字写法：零、壹、贰、叁、肆、伍、陆、柒、捌、玖、亿、万、仟、佰、拾。

举例：

① 479,536.52写为肆拾柒万玖仟伍佰叁拾陆元伍角贰分。

② 7,890.61写为柒仟捌佰玖拾元零陆角壹分。

（此时陆角壹分前的“零”字可写可不写。）

③ 562.00写为伍佰陆拾贰元正。

（“正”写为“整”字也可以，但是不能写为“零角零分”。）

④ 425.03写为肆佰贰拾伍元零叁分。

⑤ 325.20写为叁佰贰拾伍元贰角。

（“角”字后面可加“正”字，但不能写“零分”，比较特殊。）

（4）人民币（小写）。最高金额的前一位空白格用“¥”字符打头儿，数字填写要求完整清楚。

（5）用途。

① 现金支票有一定限制，“用途”栏一般填写“备用金”“差旅费”“工资”“劳务费”等。

② 转账支票没有具体规定，“用途”栏可填写“货款”“代理费”等。

（6）盖章。支票正面盖财务专用章和法人章，缺一不可，印泥为红色，印章必须清晰，如果印章模糊，则只能将本张支票作废，换一张重新填写，重新盖章。

（7）其他规定。

① 支票正面不能有涂改痕迹，否则本支票作废。

② 受票人如果发现支票信息填写不全，可以补记，但不能涂改。

③ 支票的有效期为 10 天，日期首尾算一天，节假日顺延。

④ 支票见票即付，不记名。（丢了支票，尤其是现金支票可能就是票面金额数目的钱丢了，银行不承担责任。现金支票一般要素填写齐全，如未被冒领，在开户银行挂失。转账支票各要素填写齐全，在开户银行挂失；要素填写不齐全，到票据交换中心挂失。）

⑤ 出票单位现金支票背面有印章盖模糊了，可将模糊印章打叉，再重新盖一次。

⑥ 收款单位转账支票背面印章盖模糊了（此时，按票据法规定是不能以重新盖章的方法来补救的），收款单位可带转账支票及银行进账单到出票单位的开户银行去办理收款手续（不用付手续费），俗称“倒打”，这样就不用到出票单位重新开支票了。

⑦ 收款人名称和背书章的名称要一致。

### 4．支票收银操作

支票收银操作流程如图 5-6 所示。

图 5-6　支票收银操作流程

（1）审验支票。收银员在收到付款人交来的支票后，应注意审验以下内容。

① 验票。检查支票的质地与完好程度，辨别真伪。例如，检查支票是否有折痕、撕裂处。

② 验章。检查支票上的公章或财务专用章和法人章是否齐全，是否完好无损，

印章位置是否正确，印章是否有重叠、残缺或有模糊印迹。

③ 验笔迹。检查支票是否按规定用碳素墨水填写或用支票打印机打印；笔迹是否规范；有无修改或重描，字体是否一致。

④ 验金额。检查支票上的金额是否正确，大小写是否一致。

注意：支票上的金额可以由出票人授权补记，未补记的支票不得使用。

⑤ 验日期。检查支票是否为远期或过期支票。

⑥ 验背书的连续性。检查支票收款人或被背书人是否确为本收款人。背书转让的支票其背书是否连续，有无“不准转让”字样。

⑦ 收银员发现支票有不符合上述情形之一的，有权拒收支票。

（2）查验持票购物人身份证件。收银员查看持票购物人的身份证，与工作证核对是否一致。核对无误后，在备查簿中进行登记，留存购货单位电话、联系人身份证号码及联系电话。

（3）交存支票。

① 收银员填写支票交款单。支票交款单一式两份，内容包括收款项目、支票张数、收据张数、总计金额等。

② 收银员开具销售发票，并将支票、销售发票及支票交款单一并交给出纳人员。出纳人员审核无误后，在支票交款单上签字盖章，一联留存，另一联退回收银员。

（4）查验收款通知，通知发货。出纳人员收到并查验银行收款通知后，通知收银员，由收银员通知业务人员发货。

**动脑筋**

为什么要在收到银行收款通知后才能发货？

**小贴士**

若出票人签发的支票金额超过其付款时在付款人处实有的存款金额，则该支票为空头支票。禁止签发空头支票。

### 5. 企业对于支票收银的具体规定

（1）如遇5000元以上的款项，不管任何单位，都必须倒进账[①]，款到账后方能

① 倒进账是指持票人将支票直接交存出票人开户银行，出票人开户银行根据支票划转款项，有别于持票人将支票背书转让给自己的开户行。倒进账无须背书，并且款项到账较快，能有效防范空头支票，但必须到出票人开户行办理。

提货。

（2）5000元以下的，属如下性质的单位，可以不倒进账，但需电话查询落实并登记，可直接提货：知名的大中型企业、行政单位、事业单位、经常到本单位来购物的往来单位、有部门经理以上人员担保者。

【案例5-2】

失而复得的一叠发票

傍晚时分，行色匆匆的宋女士跑进了万家花园社区办公室。“六点多了，社区还没下班？”她急切地说道：“我想找陈同志，要回一叠发票。”

原来，几天前宋女士在下班途中不慎将一只装满发票的信封遗失，虽然这些发票别人捡去并无用处，但这些都是宋女士所在公司经营业务收入、支出的重要单据，非同一般。那天，宋女士发现发票遗失后，已来来回回在回家路上多次寻找，均一无所获。正当宋女士放弃希望时，却接到公司电话：“万家花园社区来电话请你去拿遗失的发票。”捡到发票的是一位住在万家花园的高中生。当时，他看到整整齐齐的发票，心想肯定有用，于是就交到社区，并委托社区查找失主。社区工作人员为高中生的责任感深深感动，经多方查找，最后通过工商登记查询到了宋女士所在的公司，于是就有了刚才发生的一幕。

当宋女士拿到厚厚的信封时，她激动不已，连声说道：“多谢社区，多谢这位学生……”

## 二、发票的管理

### 1. 发票的定义

发票（见图5-7）是指一切单位和个人在购销商品、提供劳务或接受劳务、服务及从事其他经营活动时，所提供给对方的收付款的书面证明，是财务收支的法定凭证，是会计核算的原始依据，也是审计机关、税务机关执法检查的重要依据。

图5-7　发票

### 2. 发票的种类

发票分为普通发票和增值税专用发票。

（1）普通发票。普通发票根据行业的不同，一般可分为工业发票、商业发票、加工修理修配业发票、收购业发票、交通运输业发票、建筑安装业发票、金融保险业发票、邮电通信业发票、娱乐业发票、服务业发票、转让无形资产发票、销售不动产类发票等。

普通发票的基本联次为三联：第一联为存根联，开票方留存备查用；第二联为发票联，收执方作为付款或收款原始凭证；第三联为记账联，开票方作为记账原始凭证。

（2）增值税专用发票。增值税专用发票是我国实施新税制的产物，是国家税务部门根据增值税征收管理需要而设定的，专用于纳税人销售或者提供增值税应税项目的一种发票。增值税专用发票既具有普通发票所具有的内涵，又具有比普通发票更特殊的作用。它不但是记载商品销售额和增值税税额的财务收支凭证，而且是兼记销售方纳税义务和购买方进项税额的合法证明，是购买方据以抵扣税款的法定凭证，对增值税的计算起着关键性作用。

### 3. 发票的领用

收银员领用发票时，要在发票登记簿上登记。

### 4. 发票的开具

（1）开具发票的具体要求。

① 字迹要规范、清晰、端正，不得写错别字。

② 按各栏目要求填写，不得颠倒、漏填、错填。填写项目有开票日期，购买单位（人）名称与纳税人识别号，销售单位名称与纳税人识别号，货物或应税劳务、服务名称，规格型号，单位，数量，单价，大小写金额等，最后由经手人（开票人）签字并加盖销货单位公章。

③ 填写发票时必须按照规定的时限、号码顺序填开，各联次一次套写，全部联次内容必须完全一致。

④ 必须在实现经营收入或发生纳税义务时填开发票，未发生经营业务一律不准填开发票。

（2）发票作废的处理。发票在开具过程中如果发生错误，应按规定予以作废。具体应注意以下几点。

① 作废时，应填写作废发票登记簿，该登记簿一式两联，一联随同作废发票交会计部门，另一联由收银部门自己保存。

② 收银员若将作废发票遗失，不能将此发票作废，应视同收银员的收银短缺，由收银员自行负责。

③ 若同一笔交易有若干张发票，只有其中一张发生错误时，应将所有发票同时收回，一并办理作废，再重新开具发票。

### 5. 发票的交存

收银员交回已开发票的存根时，发票保管人员要检查存根有无缺页，收银员收入的钱款有无如数上缴财务部门等。经检查没有问题后，双方签字，再由收银员按程序领用新的空白发票。

## 练习与实训

### 一、单项选择题（从四个选项中选择一个正确答案）

1. 收银员在向财务交支票时，应填写（　　）。

A. 支票交款单　　B. 支票进账单

C. 现金交款单　　D. 收据

2. 作废发票登记簿一般一式（　　）联。

A. 一　　B. 两　　C. 三　　D. 四

3. 支票的有效期为（　　）。

A. 15 天　　B. 10 天　　C. 1 个月　　D. 2 个月

4. 支票收银操作步骤中，第一步是（　　）。

A. 查验持票购物人身份证件　　B. 审验支票

C. 交存支票　　D. 查验收款通知，通知发货

5. 3 月 1 日（周四）企业开出支票，到期日为（　　）。

A. 3 月 11 日　　B. 3 月 10 日　　C. 3 月 12 日　　D. 3 月 13 日

6. 下列说法正确的是（　　）。

A. 收银员若将作废发票遗失，可以将此发票作废

B. 若同一笔交易有若干张发票，只有其中一张发生错误时，可以只更改错误的那张发票

C. 已使用过发票的存根可由收银员自行保管

D．出纳人员收到并查验银行收款通知后，通知收银员，由收银员通知业务人员发货

7．收银员若将作废发票遗失，不能将此发票作废，应视同收银员的收银短缺，由收银员自行负责。这是因为（　　）。

A．管理制度规定　　B．工作不够负责导致作废发票遗失

C．作废没有依据　　D．避免收银员以此作弊

## 二、判断题（正确的打“√”，错误的打“×”）

1．若同一笔交易有若干张发票，只有其中一张发生错误时，应将所有发票同时收回，一并办理作废，再重新开具发票。（　　）

2．收银员若将作废发票遗失，可以将此发票作废。（　　）

3．填写发票时必须按照规定的时限、号码顺序填开，各联次一次套写，全部联次内容必须完全一致。（　　）

4．增值税专用发票既具有普通发票所具有的内涵，又具有比普通发票更特殊的作用。（　　）

5．增值税专用发票是我国实施新税制的产物，是国家税务部门根据增值税征收管理需要而设定的，专用于纳税人销售或者提供增值税应税项目的一种发票。（　　）

6．人民币小写规则是，最高金额的前一位空白格用“$”字符打头儿，数字填写要求完整清楚。（　　）

7．支票是出票人签发，委托办理支票存款业务的银行或者其他金融机构在见票时无条件支付确定的金额给收款人或持票人的票据。（　　）

## 三、问答题

为什么说收银员将作废发票遗失，应视同收银员的收银短缺，由收银员自行负责？

# 单元 6　识别现金和金融卡

## 学习目标

1. 掌握人民币的识别方法；
2. 掌握外币的识别方法；
3. 掌握金融卡相关知识。

**【案例 6-1】**

某年 9 月的一天，上午 10 点，某酒店 901 房间的客人叫了送餐服务，表示需要用现金付款。经理让实习生去开单，过了 10 分钟，实习生将做好的餐点给客人送去，带回来一张 100 元的人民币，说是客人付的餐费。收银员想放到验钞机里验证，但是验钞机刚好坏了，摸了一下感觉没问题，就把零钱找给了客人。一个小时后，收银员告诉实习生，901 房间的客人付的钱是假钞，要求实习生退还给客人。但是客人断然拒绝假钞是他的，表示酒店在这一个小时内把他的真钞换了，甚至表示再纠缠就要去经理那儿投诉，最终实习生和收银员各赔了 50 元。

验钞机坏了，酒店却没有及时维修和更换，直接导致了收银员不能在第一时间确认真假，而收银员也没有及时用别的验钞机验证，说明她解决问题的方式比较单一。这件事直接导致了酒店的损失，而最后这个损失由实习生和收银员补上，直接导致了员工的经济损失。此事件说明了酒店在设备维护和员工财政知识培训方面存在不足。

## 一、人民币的识别

识别人民币纸币真伪，讲究八字要领，即一看、二摸、三听、四测。下面以 2015 年版第五套人民币 100 元纸币为例介绍辨别人民币真伪的方法。

### 1．一看

（1）看安全线。人民币 100 元纸币的光变镂空开窗安全线位于票面右侧。垂直于票面观察，安全线呈品红色；与票面成一定角度观察，安全线呈绿色；透光观察，可见安全线中正反交替排列的镂空文字“¥100”，如图 6-1 所示。

垂直于票面观察　　与票面成一定角度观察　　透光观察

图 6-1　人民币 100 元纸币安全线

（2）看光彩光变数字。人民币 100 元纸币的光彩光变数字“100”位于票面正面中部。垂直于票面观察，数字以金色为主；平视观察，数字以绿色为主，如图 6-2 所示。随着观察角度的改变，数字颜色在金色和绿色之间交替变化，并可见到一条亮光带上下滚动。

垂直于票面观察　　平视观察

图 6-2　人民币 100 元纸币光彩光变数字

（3）看人像水印。人民币 100 元纸币的人像水印位于票面正面左侧空白处。透光观察，可见毛泽东头像，如图 6-3 所示。

图 6-3　人民币 100 元纸币人像水印

（4）看胶印对印图案。人民币 100 元纸币的胶印对印图案分别位于票面正面左下方和背面右下方。透光观察，正背面图案组成一个完整的面额数字“100”，如图 6-4 所示。

正面观察　　背面观察　　透光观察

图 6-4　人民币 100 元纸币胶印对印图案

（5）看横竖双号码。人民币 100 元纸币的横竖双号码分别位于票面正面左下方和正面右侧。正面左下方采用横号码，其冠字号码和前两位数字为暗红色，后六位数字为黑色；正面右侧采用竖号码，其冠字号码和数字均为蓝色，如图 6-5 所示。

横号码　　竖号码

图 6-5　人民币 100 元纸币横竖双号码

（6）看白水印。人民币 100 元纸币的白水印位于票面正面横号码下方。透光观察，可以看到透光性很强的水印面额数字“100”，如图 6-6 所示。

透光观察前　　透光观察后

图 6-6　人民币 100 元纸币白水印

## 2. 二摸

人民币 100 元纸币票面正面的毛泽东头像、国徽、“中国人民银行”行名、盲文和右上角面额数字采用雕刻凹版印刷，用手指触摸有明显的凹凸感，如图 6-7 所示。

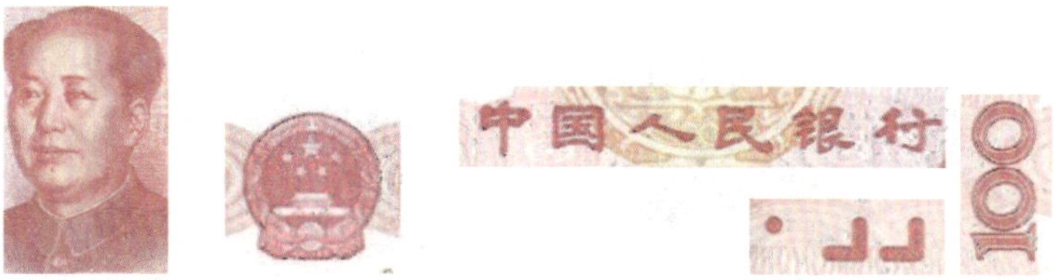


图 6-7　人民币 100 元纸币雕刻凹版印刷

### 3. 三听

可通过抖动钞票使其发出声响，根据声音来辨别人民币的真伪。人民币的纸张，具有挺括、耐折、不易撕裂的特点。手持钞票用力抖动、手指轻弹或两手一张一弛，轻轻对称拉动，均能听到清脆响亮的声音。

### 4. 四测

可借助一些简单的工具或专用的仪器来辨别人民币的真伪。用紫外光照射票面，可以观察钞票纸张和油墨的荧光反应。

在人民币100元纸币票面正面的“中国人民银行”字样下方胶印底纹处，在特定波长的紫外光下，可以看到面额数字“100”的字样，该图案采用的是无色荧光油墨印刷，可供机读，如图6-8所示。

图6-8 人民币100元纸币荧光反应

小贴士

**简单三招辨别2019年版第五套人民币纸币的真伪**

**1. 一转：转动纸币看两处**

这招适用于2019年版第五套人民币的50元、20元和10元纸币，如图6-9所示。

图6-9 人民币50元、20元和10元纸币

（1）转动人民币观察，票面正面中部面额数字会变色。“50” 和 “10” 由绿色变为蓝色，“20” 由金色变为绿色，如图 6-10 所示。

图 6-10　人民币面额数字变色

（2）转动人民币观察，50 元、20 元、10 元票面正面右侧的安全线颜色由红色变为绿色；透光观察，分别可见安全线中正反交替排列的镂空文字 “¥50” “¥20” 和 “¥10”，如图 6-11 所示。

红色　　　　绿色　　　　透光观察

图 6-11　人民币安全线颜色和文字

### 2. 二摸：触摸多处有凹凸

这招适用于 2019 年版第五套人民币纸币所有券别。用手指触摸票面正面的毛泽东头像、国徽、“中国人民银行”行名、右上角面额数字、盲文及背面主景图案等处，有明显的凹凸感，如图 6-12 所示。

图 6-12　人民币雕刻凹版印刷

### 3. 三透光：透光观察看两点

（1）看水印是否清晰。这招适用于 2019 年版第五套人民币纸币所有券别。水印在票面左侧空白处。透光观察，能看见立体、清晰的水印图案。50 元的水印图案为毛泽东头像和面额数字“50”；20 元和 10 元的水印图案分别为荷花、月季花和相应面额数字，如图 6-13 所示。

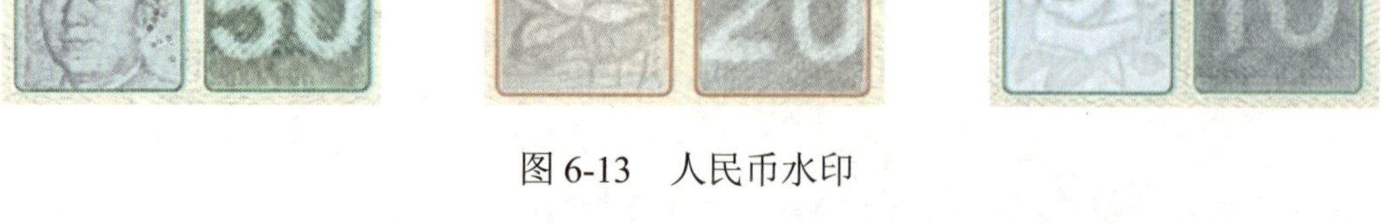

图 6-13　人民币水印

（2）看胶印对印图案是否精准重合。这招适用于 2019 年版第五套人民币 50 元、20 元和 10 元纸币。胶印对印图案在票面正面左下方和背面右下方，透光观察，其正背面图案会组成一个完整的面额数字“50”“20”和“10”，图案精准重合，如图 6-14 所示。

图 6-14　人民币胶印对印图案

**5．假钞的处理**

在不少商家的收银柜台上可以看到醒目的“发现假币，一律没收”标志，收银员发现收到假币时，往往直接将假币没收。这种行为对吗？

根据《中华人民共和国人民币管理条例》和《中国人民银行假币收缴、鉴定管理办法》的规定，发现假币时应进行如下处理。

（1）误收假币，不应再使用，应上缴当地银行或公安机关。

（2）看到别人持有大量假币，应劝其上缴，或向公安机关报告。

（3）发现有人制造、买卖假币，应掌握证据，向公安机关报告。

所以，商家这种“发现假币，一律没收”的行为是违法的。按照有关法律法规的规定，只有办理货币存取款和外币兑换业务的金融机构才有权收缴假币。

有权收缴假币的金融机构具体包括各商业银行、城乡信用社、邮政储蓄所等。除了这些机构，无论是商场、证券公司、保险公司，还是彩票销售点、超市或其他金融机构及个人都无权收缴假币。如果收银员“认定”顾客支付的钞票是假币，只能要求他换一张真币。

## 二、港元的识别

目前流通的港元纸币主要由香港上海汇丰银行、渣打银行（香港）和中国银行（香港）三家银行发行。三家银行发行地位同等，但发行量不同。

**1．港元纸币的票面特征**

以前三家银行各自设计票面主图案，但在 2018 年 7 月 24 日，三家银行公布，推出 2018 年版香港新钞系列，首次统一了主题与颜色，围绕五大主题——金融中心、香港世界地质公园、粤剧、蝴蝶、港式茶文化各自发挥，同面额的纸币颜色相同，于 2018 年第四季度至 2020 年间相继推出，面额有 1000 港元、500 港元、100 港元、50 港元和 20 港元。因此下面以 2018 年版港元纸币为例进行介绍。

（1）香港上海汇丰银行港元。香港上海汇丰银行港元如图 6-15 所示。

图 6-15　香港上海汇丰银行港元

图 6-15　香港上海汇丰银行港元（续）

（2）渣打银行（香港）港元。渣打银行（香港）港元如图 6-16 所示。

图 6-16　渣打银行（香港）港元

（3）中国银行（香港）港元。中国银行（香港）港元如图 6-17 所示。

图 6-17　中国银行（香港）港元

2．港元纸币的防伪特征

下面以 2018 年版 100 港元纸币为例，介绍港元的防伪特征。

（1）动感光亮图案。轻微倾斜钞票，图案中的闪亮圆环会随之转动，如图 6-18 所示。

香港上海汇丰银行　　渣打银行（香港）　　中国银行（香港）

图 6-18　港元动感光亮图案

（2）开窗金属线。金属线上的大、小闪亮圆环会随着钞票转动，如图 6-19 所示。

香港上海汇丰银行　　渣打银行（香港）　　中国银行（香港）

图 6-19　港元开窗金属线

（3）凹版印刷。使用凹版印刷，令钞票具有明显的凹凸手感，如图 6-20 所示。

香港上海汇丰银行　　渣打银行（香港）　　中国银行（香港）

图 6-20　港元凹版印刷

（4）隐藏银码。将钞票置于光源下轻微倾斜，可见银码数字，如图 6-21 所示。

香港上海汇丰银行　　渣打银行（香港）　　中国银行（香港）

图 6-21　港元隐藏银码

（5）高透光水印。钞票以紫荆花为主题：背光可见花、叶、花蕾及银码数字，如图 6-22 所示。

香港上海汇丰银行　　渣打银行（香港）　　中国银行（香港）

图 6-22　港元高透光水印

（6）荧光透视银码。位于正背面的单色图案在紫外光下会呈现两种荧光颜色；背光可见两面的图案拼合成银码数字，如图6-23所示。

香港上海汇丰银行

渣打银行（香港）

中国银行（香港）

图6-23　港元荧光透视银码

## 三、外币的防伪特征

**【案例6-2】**

2015年9月，宁乡县（现宁乡市）的陈女士被3个骗子以“英镑”（实系禁止流通的秘鲁币）与其兑换人民币的方式骗走3万余元现金及价值1万余元的金器。宁乡县检察院以涉嫌诈骗罪对犯罪嫌疑人何某、刘某、滕某批准逮捕。

据陈女士介绍，她在路上遇到一名“外地人”找自己搭讪，称急需兑换外币，还承诺一旦外币兑换成功就有高额回报，于是他们来到银行附近。这时一名“银行工作人员”根据他们的咨询，验证了“外地人”手中的外币是真“英镑”，且价值不菲，因而博得了陈女士的信任。此时与“外地人”“银行工作人员”一伙的第三人则一直在附近望风，负责及时提供“10万元现金”（实为10叠冥币，仅第一张和最后一张为人民币）给同伙。当陈女士看到“银行工作人员”主动交出“10万元现金”与搭讪者进行兑换时，便进一步放松了警惕。“银行工作人员”再向陈女士承诺，如果陈女士拿出几万元现金出来兑换，将获得高额回报，就这样，陈女士一步一步被诱入骗局。

此类诈骗案一般都是团伙作案，检察官提醒广大群众，在日常生活中为避免造成自身财产损失，对此类案件可采取如下措施进行防范：一是不要轻易相信任何人所谓的外币兑换，兑换外币应去银行等正规的金融机构进行；二是切莫相信“天上会掉馅饼”，对于陌生人使用外币进行交易的行为，要提高警惕，切莫贪小便宜而掉入诈骗圈套；三是如遇类似骗局，要迅速摆脱骗子，如遇纠缠，及时向公安机关报案。

**动脑筋**

对于外币，我们日常生活中较少见，它们有哪些防伪特征呢？

### 1．美元的防伪常识

美元是美利坚合众国（简称“美国”）的官方货币，如图 6-24 所示，1792 年美国铸币法案通过后出现，除在美国流通外，也作为储备货币在美国以外的国家广泛使用。从 1913 年起美国建立联邦储备制度，发行联邦储备券。美元的发行主管部门是国会，具体发行业务由联邦储备银行负责办理。美元是外汇交换中的基础货币，也是国际支付和外汇交易中的主要货币，在国际外汇市场中占有非常重要的地位。

图 6-24　美元

目前流通的美元纸币是自 1929 年以来发行的各版钞票，有三类：数量最多的是联邦储备钞票，总面额占流通钞票的 99%；其余的 1%是合众国钞票和银元票，均已停止印制，在市面上偶尔可以见到。

不同种类的美元纸币只要面额相同，其正背面的主景图案就是相同的，但票面上的财政部徽章和冠字号码的颜色不同，如联邦储备钞票上的徽章和冠字号是绿色的，合众国钞票上的是红色的，银元票上的是蓝色的。下面重点介绍联邦储备钞票。

（1）美元纸币的票面特征。美元是国际印钞界公认的设计特征变化最少的钞票之一。虽经多次改版，但不同版别的钞票变化并不大，只是防伪功能得到了不断加强。美元纸币票面尺寸不论面额和版别均为 156 mm×66 mm。正面主景图案为人物头像，背面主景图案为建筑。

（2）美元纸币的防伪特征。

① 专用纸张。美元纸币的纸张主要由棉、麻纤维抄造而成。纸张坚韧、挺括，在紫外光下无荧光反应。

② 固定人像水印。从1996年版起，美元纸币中加入了与票面人物头像图案相同的水印或面额数字水印。

③ 红、蓝彩色纤维。从1885年版起，美元纸币中加入了红、蓝彩色纤维。从1885年版到1928年版美元的红、蓝彩色纤维是定向施放的，即红、蓝彩纤维分布在钞票的正中间，由上至下形成两条狭长条带；1929年版及以后各版中的红、蓝彩色纤维则随机分布在整张钞票中。

④ 文字安全线。从1990年版起，在5美元至100美元各面额纸币的纸张中加入了一条全埋文字安全线。安全线上印有“USA”及阿拉伯或英文单词面额数字字样。从1996年版起，50美元和20美元安全线上还增加了美国国旗图案。安全线是荧光安全线，在紫外光下呈现出不同的颜色，100美元、50美元、20美元、10美元、5美元安全线分别为粉红、黄、绿、橙和蓝色。

⑤ 雕刻凹版印刷。美元正背面的人像、建筑、边框、面额数字等均采用雕刻凹版印刷，用手触摸时有明显的凹凸感。从1996年版起，美元的人像加大，形象也更生动。

⑥ 凸版印刷。美元纸币上的库印和冠字号码是采用凸版印刷的，在钞票背面的相应部位用手触摸时有凹凸感。

⑦ 细线印刷。从1996年版起，美元的正面人像背景和背面建筑背景采用细线设计，该设计有很强的防复印效果。

⑧ 凹印缩微文字。从1990年版起，除2美元和1美元外的美元人像边缘增加了一条由凹印缩微文字组成的线，缩微文字为“THE UNITED STATES OF AMERICA”。从1996年版起，100美元和20美元增加了“USA100”和“USA20”字样缩微文字，50美元则增加了“FIFTY”字样缩微文字。

⑨ 冠字号码。美元纸币正面均印有两组横号码，颜色为翠绿色。1996年版以前的美元，冠字号码由1位冠字、8位数字和一个后缀字母组成。自1996年版起，美元增加了1位冠字，用于代表年号。

⑩ 光变面额数字。1996年版100美元、50美元、20美元、10美元正面左下角面额数字是用光变油墨印刷的，在与票面垂直角度观察时呈绿色，将钞票倾斜一定角度观察时呈黑色。1996年版以后各版在与票面垂直观察时呈黑色，将钞票倾斜一定角度观察时呈铜色。

⑪ 磁性油墨。美元正面凹印油墨带有磁性，用磁性检测仪可检测出磁性。

⑫ 3D 安全带。2009 年版 100 美元纸币中间有一条由上至下的蓝色安全带，是在制作的过程中嵌入的防伪带，上面印有深蓝色的小型钟和面额数字“100”字样，看上去会跟随角度倾斜变化而“流动”。

⑬ 墨水池中的钟形图案：2009 年版 100 美元纸币正面印有紫铜色墨水池中的钟形图案，变换角度观察，钟形图案会从紫铜色变成绿色，呈现出钟形图案在墨水池中时隐时现的效果。

### 2．欧元的防伪常识

欧元是 2002 年 1 月 1 日开始发行的，成为欧元区 12 个成员国家（比利时、德国、希腊、西班牙、法国、爱尔兰、意大利、芬兰、葡萄牙、奥地利、荷兰、卢森堡）唯一的法定货币；目前已有 19 个成员国家（增加了爱沙尼亚、拉脱维亚、立陶宛、马耳他、塞浦路斯、斯洛伐克、斯洛文尼亚）。

（1）欧元纸币的票面特征。第一套欧元纸币是由奥地利中央银行的 Robert Kalina 设计的，有七种券别，主题是“欧洲的时代和风格”，描述了欧洲悠久的文化历史中七个时期的建筑风格。从 2013 年 5 月起，欧洲中央银行陆续发行第二套欧元纸币（又称“欧罗巴”系列欧元），有六种券别，如图 6-25 所示。

图 6-25　欧元

图 6-25 欧元（续）

在欧元纸币的正面图案中，窗户和拱门象征着欧洲的开放与合作；在背面图案中，描述了不同时代的欧洲桥梁和欧洲地图，寓意欧盟各国及欧盟与全世界的紧密合作与交流。

以第二套欧元纸币为例，不同券别的纸币采用了不同颜色作为主色调，规格也随面值的减小而减小。除此以外，欧元纸币还有以下主要元素。

① 用拉丁文、希腊文和西里尔字母标明的货币名称。

② 用九种不同语言文字的缩写形式注明的“欧洲中央银行”的名称首字母缩写。

③ 版权保护标志符号。

④ 欧洲中央银行行长签名。

⑤ 欧盟旗帜。

（2）欧元纸币的防伪特征。欧元采用了多项先进的防伪技术，以第二套欧元纸币为例，主要有以下几个方面。

① 水印。纸币中加入纵向水印，水印图案为欧罗巴头像、票面主图案和面额数字。

② 凸版印刷。用手触摸，能感觉到欧元纸币又脆又硬；纸币正面左右两侧的线条、主图像、大的面额数字，摸起来会感觉比纸币其他位置更厚。

③ 光变图案和面额数字。透光观察，右侧全息图中的窗口变得透明，纸币两侧显示欧罗巴头像；上下倾斜观察，左下角面额数字的颜色从翠绿色变为深蓝色，并呈现上下移动的灯光效果。

④ 全息图案。上下倾斜观察纸币右侧的全息图案，可以看到明亮的欧罗巴头像、票面主图案和面额数字；200 欧元和 100 欧元的全息图案顶部，还另外设置了微小的欧元符号，这些符号会在面额数字周围移动。

⑤ 缩微文字。纸币的某些区域印有缩微文字，用放大镜观察，真币上的缩微文字线条饱满且清晰。

⑥ 紫外特性。在紫外光照射下，可以看到在纸币中嵌入的三色荧光纤维。用普通紫外光照射，纸币正面左侧欧盟旗帜上的星星、小圆圈、大星星和票面主图案呈黄色；纸币背面图案四分之一的圆圈呈绿色；水平序列号和竖向条带呈红色。用波长为200～280nm的紫外光照射，纸币正面的小圆圈、大星星和票面主图案呈现不同的颜色；票面主图案中的欧元符号呈橙色。

⑦ 红外特性。在红外光照射下，纸币正面可见左侧翠绿色的面额数字、票面主图案和中间的面额数字的右侧、竖向银色条带等；纸币背面可见欧罗巴头像、面额数字和水平序列号。

## 四、金融卡知识

### 动脑筋

在各消费场所，有时会听到顾客这样说："我刷卡，这卡是我妈妈（爸爸）的。"作为收银员，这样的消费刷卡要求我们能不能接受？这样的消费安全吗？

在人们的日常刷卡消费中，信用卡、消费卡、储值卡的使用较为广泛。但是人们在享受"卡"带来的方便和优惠的同时也产生了一定的安全隐患。

### 1．银行卡的种类

（1）借记卡。借记卡（Debit Card）是一种先存款后消费或取款而没有透支功能的银行卡。其按功能不同，又可分为转账卡（含储蓄卡）、专用卡及储值卡，是一种具有转账结算、存取现金、购物消费等功能的信用工具。它还附加了转账、买基金、炒股等众多理财功能，可提供大量增值服务。

借记卡日渐普及，能够很方便地取代现金和支票进行消费。如果借记卡只适用于本地商家，通常会印有发卡机构的标志及其适用的处理系统。因为使用借记卡时需要输入密码，所以在保障密码及个人身份证件安全的前提下，使用借记卡进行刷卡消费比较安全。图6-26所示为几种不同的借记卡。

图6-26　借记卡

图6-26　借记卡（续）

（2）信用卡。信用卡（Credit Card）（其各种标志如图6-27～图6-29所示）是一种具有透支功能的银行卡。信用卡交易是非现金交易付款方式，基于的是简单的信贷服务，由银行或信用卡公司依照用户的信用度与财力发给持卡人，持卡人持信用卡消费时无须支付现金，待结账日时再行还款。除部分与金融卡结合的信用卡外，一般的信用卡与借记卡、提款卡不同，并不会从持卡人的账户内直接扣除资金。

图6-27　VISA标志

图6-28　MasterCard标志

图6-29　中国银联标志

真正的信用卡具有以下特点：先消费后还款，享有免息缴款期，可自主分期还款（有最低还款额），不鼓励预存现金，加入维萨（VISA）、万事达（Master）等国际信用卡组织便可全球通用，在中国是通过银联组织主导的。

### 2. 收银员的银行卡业务操作

在进行银行卡收银操作时，收银员必须记住“审、刷、输、对、签、核”几个步骤。

（1）审：确认收银机能否接受该银行卡进行业务操作，并确认银行卡是否有效。

（2）刷：刷卡。

（3）输：输入正确的消费金额。

（4）对：核对金额是否正确。待金额正确无误后进行刷卡交易，请顾客输入密码后，打出回单。如果是无密码的信用卡，请顾客任意按六个数字键后即可发送，打出回单。

（5）签：请顾客在回单上签名。

（6）核：核对顾客在回单上的签名是否与预留签名一致，如果一致则交易有效；

如果不一致，向顾客确认，或请示主管。

业务操作结束后应返还顾客银行卡和单据。

### 3. 银行卡或消费磁卡刷卡操作失败的原因

收银员在业务操作中，经常会发现银行卡或消费磁卡刷卡失败，其原因主要有以下几种。

（1）卡尚未激活，只有激活了的卡才能使用。

（2）交易密码错误。

（3）由于顾客保管不慎，导致卡折叠或受损，尤其损伤部位为磁条，导致刷卡失败。

（4）由于顾客保管不慎，导致卡消磁。

（5）顾客的消费金额已经超过使用额度。

（6）机器故障。

收银员应该在业务操作中分析原因，根据不同原因对顾客进行解释和说明，不急不躁，礼貌工作。

## 练习与实训

### 一、单项选择题（从四个选项中选择一个正确答案）

1．识别人民币除了看、摸、听，还可以用（　　）。

A．测　　B．闻　　C．验　　D．切

2．我国自己的信用卡组织是（　　）。

A．VISA　　B．MasterCard　　C．JCB　　D．中国银联

3．2019年版第五套人民币20元纸币的固定水印图案是（　　）。

A．荷花　　B．月季　　C．蔷薇　　D．牡丹

4．2019年版第五套人民币10元纸币的安全线上显示的数字符号为（　　）。

A．RMB10　　B．¥10　　C．10YUAN　　D．10元

5．第二套欧元纸币用九种不同语言文字的缩写形式注明了（　　）的名称首字母缩写。

A．欧盟　　B．联合国　　C．欧洲人民银行　　D．欧洲中央银行

### 二、判断题（正确的打“√”，错误的打“×”）

1．收银员在收到假币时可以没收假币，上缴公司。（　　）

2．顾客使用信用卡消费时，只要顾客在回单上签了名就可以了。（　　）

3．港元的三大发行机构是香港上海汇丰银行、花旗银行和渣打银行（香港）。（　　）

4. 对于信用卡消费，只要顾客输入了密码，收银员就可以不用核对顾客签名了。（　　）

5．信用卡可以先消费后还款，而借记卡不可以。（　　）

6．在进行银行卡收银操作时，收银员必须记住“审、刷、输、对、签、核”几个步骤。（　　）

7．信用卡是一种非现金交易付款方式，基于的是简单的信贷服务。（　　）

8．在欧元纸币的正面图案中，窗户和拱门象征着欧洲的开放与合作。（　　）

## 三、简答题

1．简单描述收银员的银行卡业务操作步骤。

2．发现假人民币时应怎么处理？

3．2019年版第五套人民币50元纸币有哪些防伪特征？

4．简单描述美元的防伪特征。

# 单元 7　移动收银操作技能

学习目标

1．了解移动支付的产生背景和内涵；

2．了解扫码支付的形式；

3．掌握扫码支付收银和 NFC 支付收银操作流程。

【案例 7-1】

**购物“不花钱”，手机扫描轻松付**

2017 年“元旦”期间，刘先生到大型超市购物，广播中不停地传来可用手机付费的消息，觉得挺新奇，但不清楚具体如何结算。刘先生在结账时注意到，收银台上方贴出了本店支持的付款方式：现金、银联、支付宝、微信、Apple Pay、翼支付。刘先生最终选择了用支付宝支付的方式，亲身体验了付款全过程，感觉非常便捷，全程免去了原本需要找钱包、拿现金或银行卡、找零钱等多个环节，收银员扫描完全部商品后，自己只需要打开支付宝付款码，再在收银员扫描完付款码后输入支付密码确认支付就完成了整个购物过程。

这是一种购物“不花钱”的体验。随着智能手机的流行及移动支付方式的普及，越来越多的人开始接受日常生活中使用移动支付方式付款。

## 一、了解移动支付

### 1．移动支付的产生背景

我国的移动支付模式由银行推出，需要开通手机银行服务，同时为了配合近场支付，还需要手机具有近距离无线通信（NFC）功能等。由于移动终端具有随身性和移动性，可以使用户从长途奔波到指定地点办理业务的束缚中解脱出来，摆脱地域限制。

2. 移动支付的内涵

移动支付又称手机支付，指交易双方为了某种货物或业务，通过移动设备进行商业交易。即允许用户使用其移动终端（通常是手机）对所消费的商品或服务进行账务支付的一种服务方式。单位或个人通过移动设备、互联网或近距离传感直接或间接地向银行等金融机构发送支付指令，产生货币支付与资金转移行为，从而实现移动支付功能。

党的二十大报告指出：“要加快发展数字经济，促进数字经济和实体经济深度融合，打造具有国际竞争力的数字产业集群。”

【案例 7-2】

无人经济兴起，无人售货机如何成为零售业新潮流

随着全球疫情（此处指新型冠状病毒肺炎疫情）常态化，自助收银机、自助点餐机、无人售货机（见图 7-1）、无接触配送等无人零售模式成为零售业的新潮流。无人零售自助终端具有无人际接触、24 小时运作、收银效率高效等优势，可有效应对疫情对零售业的影响，以科技提高零售业抗风险能力。

图 7-1 无人售货机

北京市政府在印发《2021 年市政府工作报告重点任务清单》中指出，要推进智能快递箱、无人售货机等智能终端设施建设。

以往使用无人售货机经常会遭遇这样一个问题：钱付了，但由于通道太窄，商品被卡在无人售货机里，因此现在国内许多地方出现了“开柜取货”的无人售货机：顾客扫码绑定支付账户，无人售货机自动打开柜门，顾客挑选自己想要的商品，取

走并关闭柜门，就能实现自动扣费支付。

这种无人售货机的体验效果无疑是更好的，即取即付。不过也有人质疑，这些无人售货机安全吗？

在硬件和技术上，无人售货机如何识别商品的拿取情况，并自动结算收银呢？一般来说，无人售货机里的商品都会贴有 RFID 电子标签，当商品被取走时，无人售货机里的感应阅读器接收信号，就能知道顾客拿走的是哪件商品，从而实现商品识别和统计核算，不容易被漏算，也确保了无人售货机的安全，降低货损率。

不过无人售货机使用 RFID 电子标签涉及成本问题，每件商品都要贴上标签，这在一定程度上会增加人手压力。因此一些新型的无人售货机会采用其他商品识别方式——图像识别和重力感应。通过无人售货机内的重力传感器检测开门前后的重量差别，再结合图像识别算法，分辨出拿走了哪些商品。

作为专业的智能硬件定制厂商，天波研发和制造了各类智能收银机、身份识别设备和无人零售自助终端。以天波无人售货机 TPS730（见图 7-2）为例，它采用双模图像识别技术，识别准确率高达 90%以上，无标签成本，商品可叠放，并支持任意取出回放，配备智能硬件管理平台，可远程升级管理设备。

图 7-2　天波无人售货机 TPS730

归根结底，无人售货机的普及有赖于几个条件：无人经济的兴起、人们素质的提高及技术的提升。

## 二、扫码支付收银操作

### 1. 扫码支付的两种形式

（1）顾客出示付款码支付（见表 7-1）。

表 7-1　顾客出示付款码支付

| 支付形式 | 对接方式 | 所需设备 | 收银操作 |
|---|---|---|---|
| 顾客出示付款码 | 收银系统对接 | 外接扫描枪  | 收银员扫描顾客出示的付款码（见图 7-3） |
| | 现有 POS 机集成 | POS 机  | 收银员通过 POS 机内置的摄像头扫描顾客出示的付款码 |

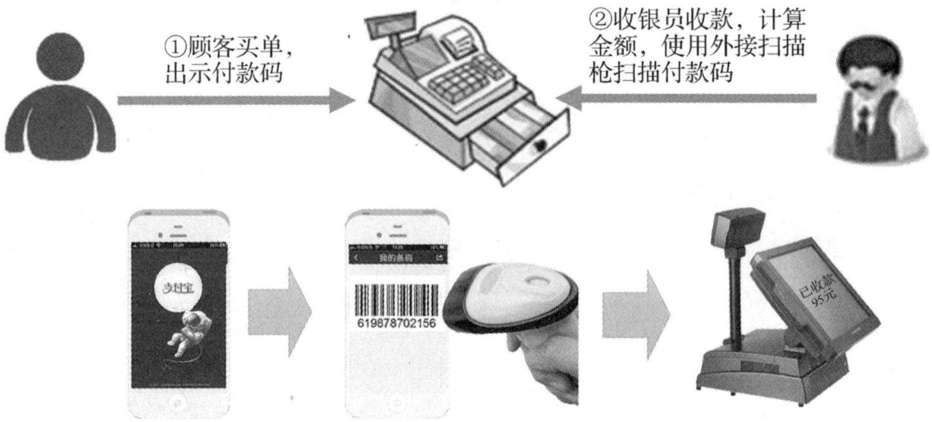


图 7-3　顾客出示付款码支付流程

（2）顾客扫描商家收款码支付（见表 7-2）。

表 7-2　顾客扫描商家收款码支付

| 支付形式 | 对接方式 | 所需设备 | 收银操作 |
|---|---|---|---|
| 顾客扫描商家收款码 | 收银系统对接 | 收银机屏幕移动设备/收银小票等 | 顾客扫描收银员提供的商家收款码（见图 7-4） |
| | 现有 POS 机集成 | POS 机  | 顾客扫描收银员通过 POS 机提供的商家收款码 |
| | 现有核销 POS 机集成 | 核销 POS 机  | 同上 |

## 2．扫码支付收银操作流程

（1）顾客出示付款码收银流程。

① 收银员扫描顾客选购的商品，进行常规收银操作（见图 7-5）。

② 按“付款”键（见图 7-6）。

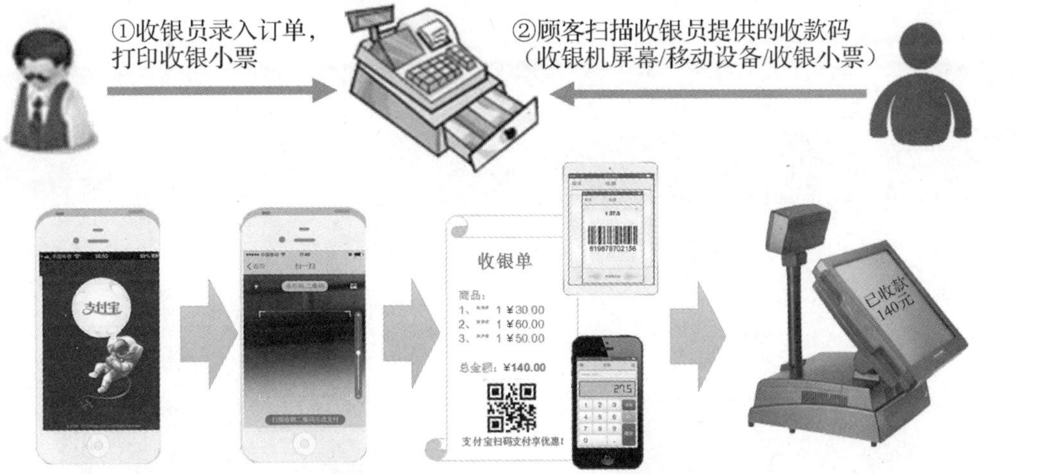


图 7-4　顾客扫描商家收款码支付流程

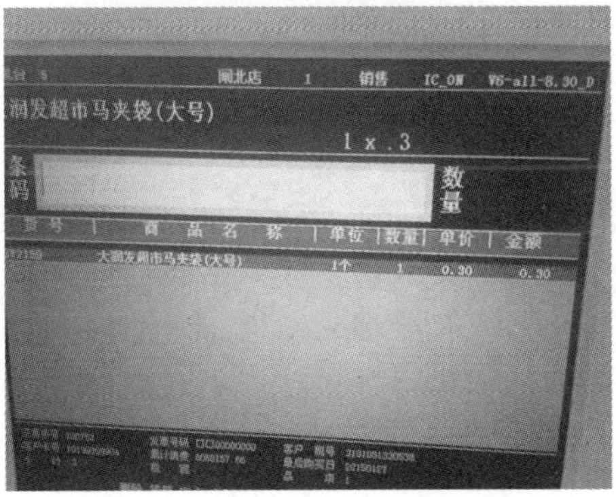

图 7-5　扫描商品

图 7-6　按“付款”键

③ 按收银机提示输入金额（见图 7-7）后，按“确定”键（见图 7-8）。

④ 扫描顾客出示的付款码（见图 7-9）。

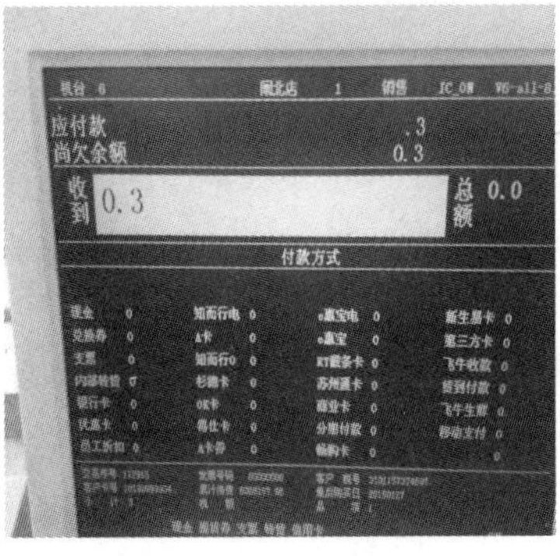

图 7-7　输入金额

图 7-8　按“确定”键

图 7-9　扫描付款码

⑤ 按“确定”键，收款成功，POS 机打印出签购单。

⑥ 顾客在签购单上签名确认。

⑦ 收银员核对顾客签名后，收回签购单，打印购物小票，将商品和购物小票一并交给顾客。

（2）扫码支付退货流程。

① 在 POS 机“应用选择”界面按“2”键，选择“2.预付卡磁条管理”（见图 7-10）。

② 弹出“请选择菜单”界面，按“菜单”键（见图 7-11）。

图 7-10　选择“2.预付卡磁条管理”

图 7-11　按“菜单”键

③ 弹出新界面，按“2”键，选择“2.退货”（见图 7-12）。

④ 弹出新界面，按“2”键或“3”键，选择“2.支付宝退货”或“3.微信退货”（见图 7-13）。

图 7-12　选择“2.退货”

图 7-13　选择“2.支付宝退货”或“3.微信退货”

⑤ 弹出新界面，按“1”键或“2”键，选择“1：手输”→输入签购单上的参考号，按“确认”键或“2：扫描”→扫描顾客“交易详情”界面的条码（见图 7-14）。

⑥ 弹出新界面，输入退货金额，并按“确认”键，退货成功，POS 机打印出退货签购单。

⑦ 顾客签名确认。

⑧ 收银员核对顾客签名后，收回退货签购单。

图 7-14　选择“1：手输”→输入“参考号”或“2：扫描”→扫描条码

小贴士

## 消费 POS 机和退货 POS 机日结

1. 消费 POS 机日结

（1）在 POS 机“应用选择”界面按“2”键，选择“2.预付卡磁条管理”。

（2）弹出“请选择菜单”界面，按“菜单”键。

（3）弹出新界面，按“5”键，选择“5.结算”（见图 7-15）。

（4）POS 机打印出消费结算表（见图 7-16）。

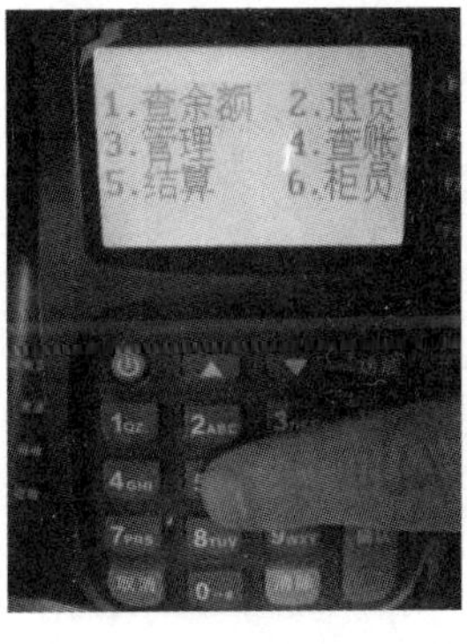


图 7-15　选择“5.结算”

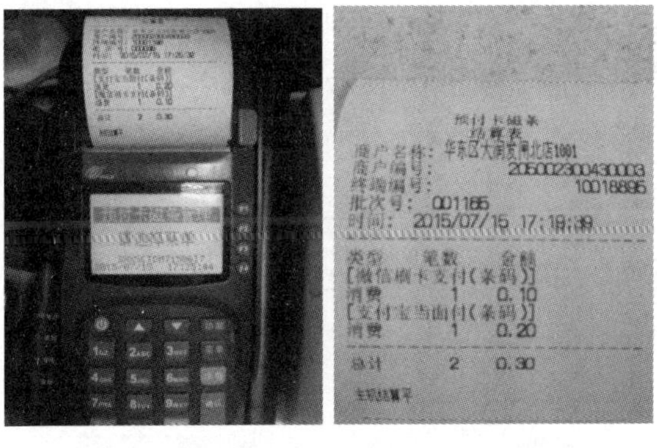


图 7-16　POS 机打印消费结算表

2. 退货 POS 机日结

（1）在 POS 机“应用选择”界面按“2”键，选择“2.预付卡磁条管理”。

（2）弹出“请选择菜单”界面，按“菜单”键。

（3）弹出新界面，按“2”键，选择“2.退货”。

（4）POS 机打印出退货结算表（见图 7-17）。

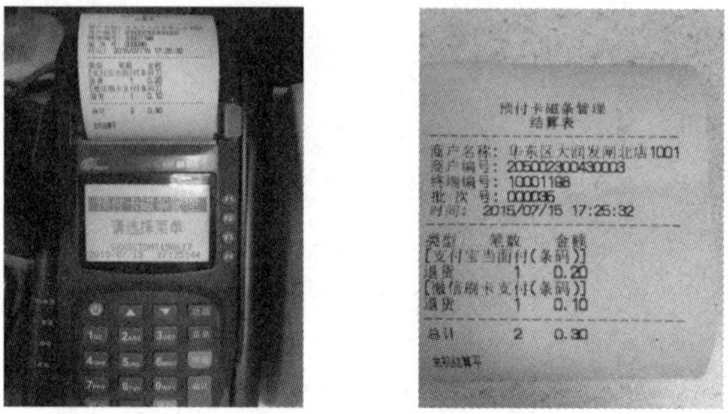


图 7-17 POS 机打印退货结算表

## 三、NFC 支付收银操作

NFC 支付是指顾客在购买商品或服务时，即时采用 NFC 技术通过手机完成支付，也是一种移动支付方式。安卓系统的 NFC 支付、苹果的 Apple Pay、华为的 Huawei Pay、小米的 Mi Pay 等都属于此种方式。下面以 Apple Pay 为例，简要介绍 NFC 支付收银操作。

### 1．Apple Pay 硬件设备支持

（1）Apple Pay 支持的移动设备。

① 配备面容 ID 的 iPhone 机型；配备触控 ID 的 iPhone 机型，iPhone 5s 除外。

② 配备触控 ID 或面容 ID 的 iPad Pro、iPad Air、iPad 和 iPad mini 机型。

③ Apple Watch Series 1 及更新机型。

④ 配备触控 ID 的 Mac 机型；2012 年或之后推出的 Mac 机型，与支持 Apple Pay 的 iPhone 或 Apple Watch 搭配使用。

（2）Apple Pay 支持的刷卡设备。如图 7-18 所示，可以在印有以下任意一种标志的刷卡设备上使用 Apple Pay。

图 7-18 支持 Apple Pay 的刷卡设备上的标志

（3）Apple Pay 绑定银行卡。下面以 iPhone 和 iPad 为例，介绍 Apple Pay 如何绑定银行卡。

① 在 iPhone 上，打开 Wallet（钱包）；在 iPad 上，前往“设置”→“Wallet”或

“Apple Pay”。

② 轻点“添加信用卡或借记卡”。

③ 如果 iTunes 账户中已有存档的借记卡或信用卡且这张卡片支持 Apple Pay，请根据提示输入该卡片的安全码；否则，请使用摄像头来读取卡片信息，然后填写所需的任何其他信息。

④ 轻点“下一步”，银行将验证信息，并确定能否将卡片添加到 Apple Pay 中，如果银行需要更多信息，将要求提供其他验证信息。可以在添加卡片后随时进行验证，只需返回 iPhone 的 Wallet 或在 iPad 上前往“设置”→“Wallet”或“Apple Pay”，并按照相关步骤操作即可。

⑤ 验证完卡片后，轻点“下一步”，此时便可以开始使用 Apple Pay。

### 2. Apple Pay 收银操作流程

Apple Pay 收银操作步骤与银行卡收银操作步骤相同，如图 7-19 所示。

（1）收银员在收银机上按“银行卡付款”键。

（2）顾客将 iPhone 等设备靠近读卡器，手机上显示“用 Touch ID 支付”时将手指放在 Touch ID 上，发送支付信息。

（3）如果银行卡有密码，请顾客输入银行卡密码后按“确认”键；如果没有密码则直接按“确认”键。

（4）完成上述操作后 POS 机打印出签购单，完成支付。

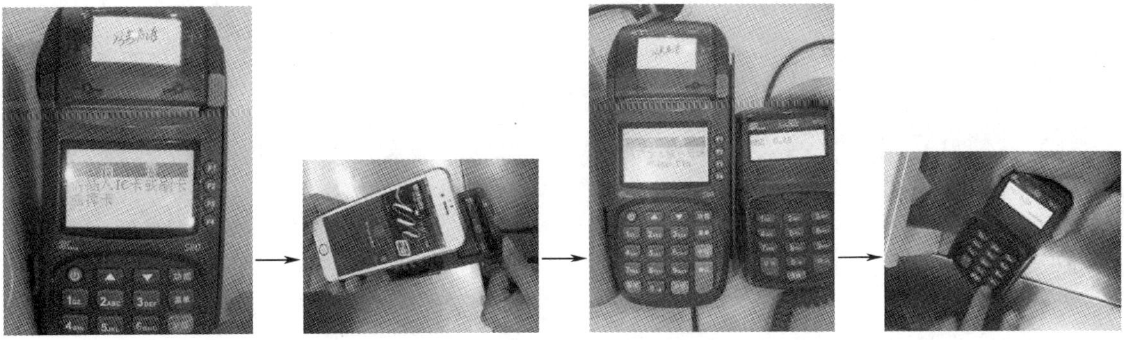

图 7-19　Apple Pay 收银操作流程

### 3. Apple Pay 收银退货流程

（1）顾客退款 100 元以下（含 100 元），门店退现金（同原操作流程）。

（2）顾客退款 100 元以上，门店按手工退款流程操作（同原操作流程）。

### 4. Apple Pay 使用注意事项

Apple Pay 的交易方式为联机交易，不支持脱机交易，因此无法使用卡内的电子现金，所有费用均在现金账户内扣除。

## 练习与实训

### 一、单项选择题（从四个选项中选择一个正确答案）

1. 移动支付又称（　　）。

A. 虚拟支付　　B. 手机钱包支付

C. 在线支付　　D. 手机支付

2. 下列不属于个人网上支付方式的是（　　）。

A. 网关支付　　B. 第三方支付　　C. 货到付款　　D. 移动支付

3. 移动支付模式不包括（　　）。

A. 以商家为运营主体的移动支付方式

B. 以移动运营商为运营主体的移动支付方式

C. 以银行为运营主体的移动支付方式

D. 以第三方为运营主体的移动支付方式

### 二、判断题（正确的打“√”，错误的打“×”）

1. 移动支付指的就是手机支付。（　　）

2. 移动支付都是以移动运营商为运营主体的。（　　）

3. 支付宝是国内唯一的第三方支付平台。（　　）

4. Apple Pay 是目前欧美国家比较流行的移动支付方式，它与国内的支付宝等移动支付方式的操作方法不同。（　　）

5. Apple Pay 是 NFC 支付的一种。（　　）

### 三、能力拓展

1. 尝试用微信或支付宝绑定一张银行卡并进行账户充值，再使用微信或支付宝完成一笔网上交易（记录操作的全过程）。

2. 查阅相关资料，比较网关支付、第三方支付、移动支付各自的优缺点。了解目前移动支付的最新发展。

# 模块 4　收银机知识

收银机是一种特殊的精密电器，具备独特的基础结构，操作不当或其他内在因素都会导致机器故障。

“工欲善其事，必先利其器”。收银员的“器”就是收银机，只有好好爱护它，它才能成为收银工作的好帮手。

作为一名收银员，应该如何呵护好自己的“工作伙伴”，让它更好地提供服务呢？让我们来一步步认识和掌握收银员的好帮手——收银机吧！

# 单元 8　收银机及其操作技能

学习目标

1. 了解收银机的基本结构；
2. 掌握收银机的主要功能及作用。

【案例】

收银工作的好帮手——收银机

王超是某中专学校商贸专业二年级的学生，寒假期间，学校组织部分学生到超市实习。临行前，学校收集同学们的愿望：个人希望从事何专业、何工种的学习和实践。王超对收银员这个岗位向往已久，而且在校期间学习了许多有关收银的课程，便报了收银员岗位。

王超的主要工作是给收银员当帮手。看着收银员双手在收银机键盘上熟练地跳跃，收银机屏幕上变化无穷的画面，以及收银打印机打印出的一张张小票，王超眼花缭乱。顾客较少时，收银员让王超尝试一下，谁知王超却手忙脚乱。几天下来，王超暗下决心，一定要熟悉自己的工作伙伴——收银机。

## 一、电子收银机的基本结构

电子收银机（Electronic Cash Register，ECR）主要由电子元器件和机械部件组成，如图 8-1 所示。

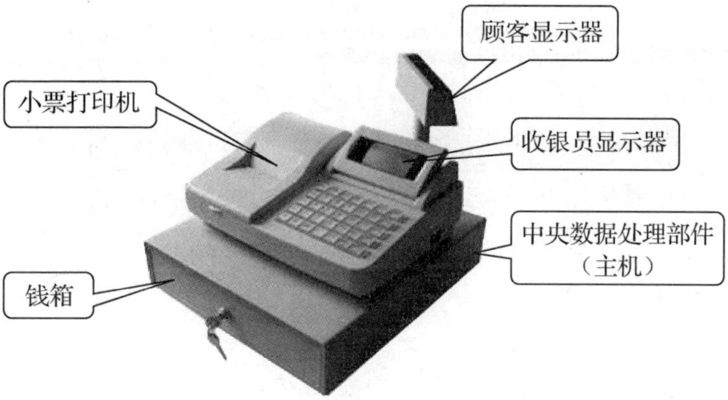


图 8-1　电子收银机

（1）中央数据处理部件。中央数据处理部件是电子收银机的心脏，用于处理、计算由键盘输入的商品数量、金额等各种收款数据，控制电子收银机的各部件，如图 8-2 所示。

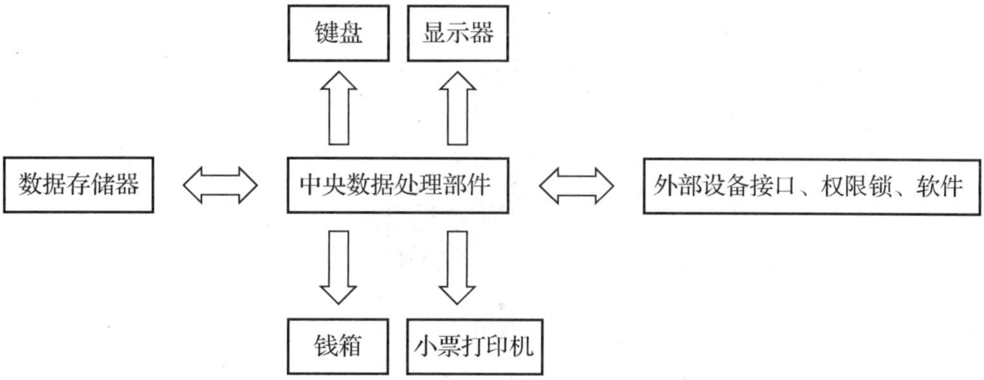


图 8-2　电子收银机的中央数据处理部件与其他部件

（2）数据存储器。数据存储器用于存储电子收银机的软件和销售商品的数量、金额、税和各类报表等数据信息。

（3）键盘。键盘用于输入各种销售数据，有机械式、电容式、薄膜式等。前两种输入速度较快，商场、超市一般多用此种；薄膜式键盘防水、防尘，餐饮企业多用此种。

（4）小票打印机。小票打印机是电子收银机的关键输出部件，用于打印销售小票和管理存根（商业企业一般要求双层存根或双层打印），类型有字轮打印机、针式打印机、热敏打印机、压感打印机等。

（5）显示器。电子收银机的显示器一般有两个，一个是收银员显示器，另一个是顾客显示器，这样方便收银员和顾客进行人机对话，采用荧光数码管或液晶数码管显示。

（6）钱箱。钱箱用于放置现金（备用金和营业款），带有电子控制开关装置。

（7）外部设备接口。外部设备接口用于连接条码阅读器、小票打印机、电子秤、通信联网设备等。不同的电子收银机采取不同的外部设备接口。

（8）权限锁。权限锁用于实现权限控制。

（9）软件。软件用于处理销售数据的输入、加工、存储、传送、通信，并对各相关设备进行管理。

## 二、POS终端机的基本结构

POS终端机俗称POS收银机，如图8-3所示。随着计算机技术的普及和商业领域管理水平的提高，商业企业对POS终端机的需求不断增大。作为收银员，想更好地做好收银工作，就有必要对POS终端机有一个基本的了解。目前，绝大多数超市使用的POS终端机软件基于Windows系统。

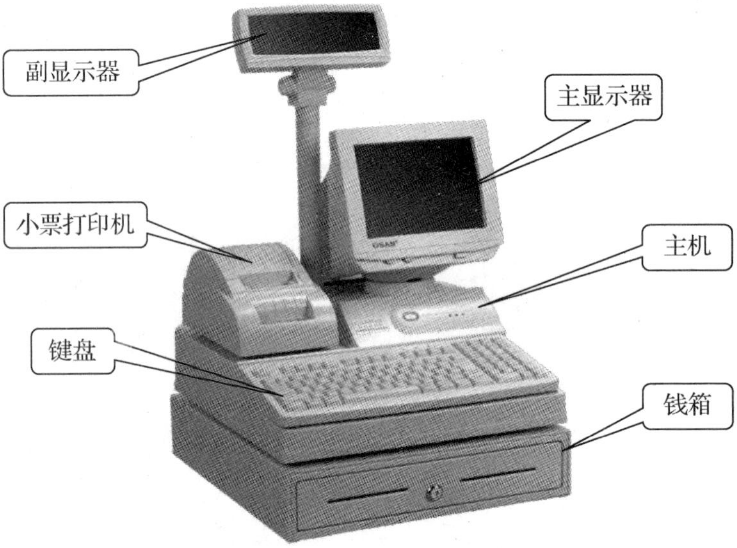


图8-3　POS终端机

（1）主机。主机包括CPU及主板，是POS终端机的核心部件，控制着POS终端机的运行。随着科学技术的发展，POS终端机使用的大部分是工控低能耗CPU，配备工控低能耗POS终端机专用主板、40GB硬盘和256MB内存，性能得到大幅度提升。

（2）显示器。POS终端机的显示器由主显示器和副显示器组成。主显示器就是计算机屏幕，是收银员工作的显示窗口，主要用于显示收银结算过程中的商品信息、交易信息等。副显示器又称顾客显示器，始终面向顾客，用于同步显示交易价格、金额等数据信息，供顾客对信息进行查看及核对。

（3）键盘。POS 终端机一般配备专用键盘，用于输入各种销售数据及相关信息，如图 8-4 所示。

图 8-4　键盘

（4）小票打印机。小票打印机一般分为针式小票打印机（见图 8-5）和热敏小票打印机（见图 8-6），主要用于打印收银小票，交给顾客作为购物凭证；也可用于收银员在交接班时打印各种报表或单据。

图 8-5　针式小票打印机

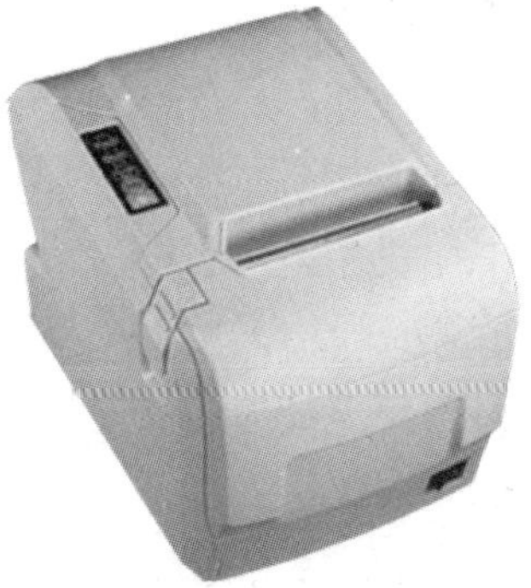

图 8-6　热敏小票打印机

（5）钱箱。钱箱用于放置现金（备用金和营业款），配有锁，可与 POS 终端机连接，带有电子控制开关装置，可通过键盘上的按键打开，也可单独使用，如图 8-7 所示。

（6）外部设备接口和外部设备。POS 终端机带有与计算机相同标准的串行通信口、并行通信口及扩展槽，外部设备扩展能力比电子收银机强很多。配备的外部设备有以下几种。

图 8-7 钱箱

① 条码扫描器。条码扫描器用于收银员为顾客提供收银服务时扫描商品条码、获取商品信息等。常见的条码扫描器如图 8-8 所示。

手持式有线条码扫描器　　手持式无线条码扫描器　　嵌入式平台条码扫描器

图 8-8 条码扫描器

在图 8-8 中，前两种均可称为手持式条码扫描器，后一种从大类角度上可称为固定式条码扫描器。它们各有特点，具体来说，手持式条码扫描器的优点为价格便宜、移动性强，且适用于扫描较重或条码位置不易被看到的商品；缺点是扫描精度较差，常需重复多次扫描动作才有感应。固定式扫描器则正好相反。

② 电子秤。对于一些称重零售的商品，由电子秤向收银机发送称重信息，以便收银员进行收银结算，如图 8-9 所示。

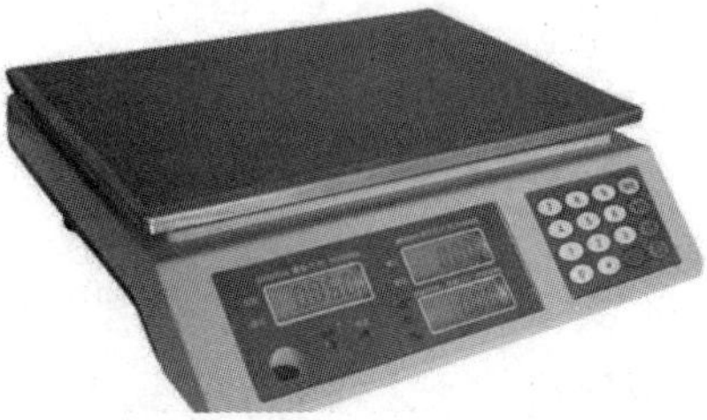

图 8-9 电子秤

③ 条码电子秤。对一些拆分包装、重量不等的商品，使用条码电子秤，除可称

重外，还可打印该种商品带有价格的条码，以便收银员根据条码所列内容进行收银结算，如图 8-10 所示。

图 8-10　条码电子秤

④ 磁卡阅读器。磁卡阅读器用于读取卡片（银行卡、商户发行的优惠卡、会员磁卡等）信息，如图 8-11 所示。

图 8-11　磁卡阅读器

小贴士

税控功能

实际工作中，除电子收银机和 POS 终端机两种常见的收银机外，其实大多数超市和连锁卖场用的收银机都加上了税控功能。

超市存在开票量大、要求开票速度快的需求，打印发票时，采用税控收银机打印更方便。简单来说，用具有税控功能的收银机开票具有如下优点。

（1）降低成本：通过使用滚筒式发票，可有效降低 50%～70%的开票成本。

（2）提高效率：方便快捷，可减少收银员手工开票的烦琐程序。

（3）便于管理：安全性能高，更便于管理。

（4）票据简单：不再用小票换发票，不管金额是多少，都只需要一张票。

## 三、收银机的主要功能及作用

### 1．收银机的主要功能

收银机是零售企业或超市等服务企业处理柜台业务的多功能计算机。具体来说，它具有如下主要功能。

（1）准确、高效、自动地进行交易和信息处理。

（2）商品单品管理：按商品编码销售。

（3）商品部分管理：按商品的大类或品种销售。

（4）员工管理：收银员的账务管理和营业员的劳动效率统计。

（5）顾客管理：记录顾客购物情况，分析购物高峰及倾向。

（6）促销管理：记录折扣、减价信息等。

（7）货币管理：支持多种付款方式，支持外币付款。

（8）收据的流水账管理：可自动打印每天的销售流水。

（9）信用销售管理：信用卡结算和客户挂账处理。

（10）税收管理：自动计算税金。

（11）非销售业务的收、支、借、贷处理。

（12）业务权限管理：限定交易的批准权限。

（13）部分后台管理：畅销分析、滞销分析、ABC 分析、库存管理、毛利计算等。

（14）信息通信与联网处理：与上位机通信，形成收银机网络系统。

（15）统计报表和查询管理：生成财务报表、部门报表、收银员报表、营业员报表、货币分类统计报表、库存报表、时间段报表、顾客报表、销售分析报表等。

（16）盘点数据的输入和复核情况。

由于收银机的种类、档次和型号差异较大，对于一些功能，某些低档机是不具备的，即使具备了一些功能，由于受用户的管理水平、应用环境等条件的限制，也可能实现不了。

### 2．收银机的作用

（1）收款迅速、准确。输入顾客的购货信息后，收银机能快速反应，准确地计算出该笔交易金额，显示顾客购买商品及收、付款信息等，可减少收银员对交易金额的计算时间，提高收款速度，减少顾客等候时间，极大地方便顾客，提高收款的准确性，给顾客以最大的信任感。

（2）支持多种付款方式。在正常交易中，收银机支持现金、支票、信用卡、礼券、提货单等付款方式，甚至支持在同一笔交易中使用多种付款方式，可极大地满足顾客不同层次、不同方式的需要。

（3）结账准确、杜绝差错、堵塞漏洞。收银机的使用，使交易过程中的钱、物得到了较为严格的控制。每日营业终了，收银员可通过收银机打印出当日销售报表，与各营业小组相核对，做到日清日结，可大大缩短结账时间，提高结账的准确性，有效杜绝手工收款在结账时出现的“长短款”现象，有效地堵塞管理中的漏洞，减少人为造成的经济损失。

（4）便于业绩统计，为管理服务。作为企业管理信息系统的基础环节，收银机可为企业管理提供决策服务。收银机作为企业销售的前沿，记录了有关销售的各种信息，可直接为后台提供准确无误的商品交易信息。

① 记录收银员、营业员的销售业绩及顾客的购物信息，经营者可根据收银机提供的各种报表，合理地制订员工工资薪酬方案。

② 通过商品销售信息分析，调整商品结构，科学、合理地进行库存控制。

③ 统计营业中不同付款方式的交易金额，可为销售与财务管理工作的衔接提供准确的数据。

总之，利用收银机记录的各种信息，可以使经营者对企业的资源进行全面规划、合理分配使用，实现企业人、财、物、购、销、存的一体化管理，提高企业的经济效益和管理水平。

## 四、收银机的操作技能

在收银机操作中，一般离不开键盘操作。因此，在介绍收银机的操作前有必要介绍一下收银机键盘。

### 1. 收银机键盘的功能

收银机键盘可视收银的具体需要进行设置，其常见按键的功能如表 8-1 所示。

表 8-1　收银机键盘常见按键的功能

| 键名/按键功能 | 功 能 描 述 |
|---|---|
| 数字 | 供输入数字（如输入商品编码、金额等） |
| 确定 | 操作结束的确认 |
| 删除 | 删除光标前的一个字符 |

续表

| 键名/按键功能 | 功 能 描 述 |
| --- | --- |
| 清除 | 清除已经扫描的一个或多个商品的信息（在多扫、错扫或顾客放弃购买某商品等情况下使用） |
| 开钱箱 | 在收银过程中打开钱箱 |
| 挂单 | 在收银结算时，保存交易信息，但不入流水账，多用于在顾客付款过程中暂停结算，按"挂单"键，可将顾客已购买的商品信息保存下来（顾客不需要付款，可继续选购商品），进行下一位顾客的收银结算 |
| 提单 | 挂单后，顾客继续结账时，按"提单"键，调出被挂单业务，继续为此顾客进行收银结算 |
| 数量 | 输入商品的数量，避免多次扫描 |
| 会员 | 可进行会员卡的识读 |
| 合计/结算 | 计算当前一笔交易的应付金额 |
| 银行卡等 | 提供非现金的结算方式 |
| 上、下、左、右箭头 | 光标移动键，用来移动光标，修改当前某个字段 |
| 修改售价 | 对可议价的商品，在收银结算时进行价格的修改 |
| Esc | 退出当前操作状态 |

## 2．收银机操作流程

收银机操作流程通常是按照软件设计的具体要求进行的，超市、便利店、零售店等都非常重视，会按流程进行。开机后，员工登录收银机系统，即可按系统管理员、收银员、销售管理员等权限进入工作状态，也就是说，在收银机的操作流程中，收银操作只是其中的一部分，如图 8-12 所示。因此，收银员要有整体观念，只有与其他员工密切配合，才能更好地完成收银任务。

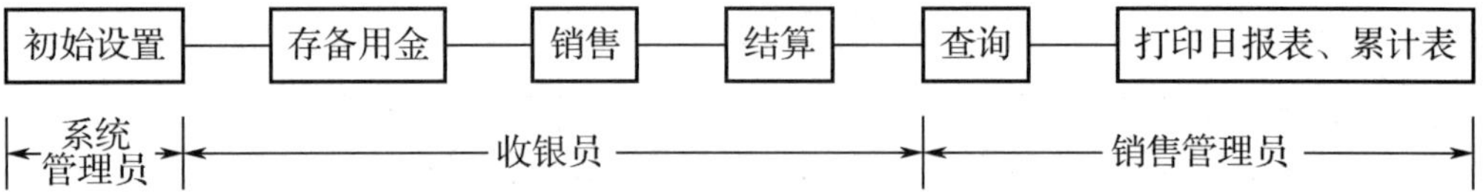


图 8-12　收银机部分操作流程

（1）开机。开启收银机的电源开关，等待机器启动，直到出现"员工登录"窗口。

（2）登录。在"员工登录"窗口，先输入正确的员工号，按"确定"键，再输入密码，按"确定"键，员工号和密码正确即可进入相应窗口。以收银员为例，成功登录后进入"销售"窗口（以下步骤在此窗口下完成）。

（3）退出登录。在“销售”窗口按“退出”键，即退回“员工登录”窗口，等待下一名员工登录。

（4）关机。在“员工登录”窗口按“退出”键，屏幕上会出现两个询问窗口，按“确定”键，等待片刻，出现“现在您可以安全地关闭计算机了”字样后，将键盘挡位钥匙拨到锁机挡，此时键盘上的所有按键都失去作用，可关闭电源。

（5）输入交易明细。在“销售”窗口的“货号”栏中输入商品编码（可以采用条码扫描、键盘输入、热键输入等方法）。若没有此商品，则不显示该商品的名称等信息，且光标停留在“货号”栏中；若存在此商品，则显示该商品的名称、单价等信息。在“数量”栏中输入销售数量，若不输入数量，则默认为 1；要修改数量，可使用箭头键，将光标移动到需要修改的明细上，直接进行修改。

（6）交易开票。“销售”窗口显示当前交易的应收金额后，若为现金收款，则在“预付金额”栏输入顾客所付的金额，按“确定”键显示应找金额。找零后，按“开票”键，当前交易即完成。

（7）退货。在“销售”窗口按“退货”键即进入“退货”窗口。若屏幕中间出现“经办人登录”窗口，则说明当前登录的员工没有“退货”权限。经办人登录成功后，按系统提示进行退货操作即可。

（8）冲账。冲账是指收支账目互相冲抵，或两户应支付的款项互相冲抵。在“销售”窗口按“冲账”键即可进入“冲账”窗口。若屏幕中间出现“经办人登录”窗口，则说明当前登录的员工没有“冲账”权限。经办人登录成功后，选择某笔交易，按“冲账”键即可进行冲账。

（9）修改密码。在“销售”窗口按“功能”键，进入“修改密码”窗口：先输入旧密码，如果正确就可以输入新密码；输入新密码；再次输入新密码，两次输入的新密码必须一致。

### 牛刀小试

## 课外实践——看看有哪些收银设备

现已了解并掌握了电子收银机的基本结构、POS 终端机的基本结构、收银机的主要功能及作用，请利用课余时间到校园实验超市或校外大型超市进行调查，观察收银员所使用的收银设备，进一步了解并掌握收银设备的基础知识。

## 练习与实训

### 一、单项选择题（从四个选项中选择一个正确答案）

1．POS 终端机的核心部件是（　　）。

A．显示器　　B．打印机　　C．主机　　D．键盘

2．POS 终端机的钱箱中用于放置纸币的是（　　）。

A．票夹　　B．钱槽　　C．扎条　　D．钱包

3．收银员的关机操作一般在（　　）窗口进行。

A．“员工登录”　B．“销售”　C．“开票”　D．“签到/收据”

4．“删除”键的功能是（　　）。

A．删除光标前的一个字符　　B．删除已经扫描的一个商品信息

C．删除已经扫描的多个商品信息　　D．删除顾客放弃购买的某商品

5．收银机的主要输入设备是（　　）。

A．显示器　　B．打印机　　C．主机　　D．键盘

6．不属于 POS 终端机的基本结构的是（　　）。

A．显示器　　B．小票打印机　　C．键盘　　D．条码电子秤

7. 收银机能够进行收银员的账务管理和营业员的劳动效率统计工作，体现了收银机的（　　）功能。

A．顾客管理　　B．员工管理

C．税收管理　　D．收据的流水账管理

8．收银机能够进行 ABC 分析、库存管理、毛利计算等工作，体现了收银机的（　　）功能。

A．统计报表和查询管理　　B．业务权限管理

C．信息通信与联网处理　　D．部分后台管理

### 二、判断题（正确的打“√”，错误的打“×”）

1．POS 终端机的副显示器是提供给顾客使用的显示器，这样方便收银员和顾客进行人机对话。（　　）

2．条码扫描器是 POS 终端机的核心部件，控制着 POS 终端机的运行。（　　）

3. 条码扫描器是收银员为顾客提供收银服务时扫描商品条码、获取商品信息等

的部件。（　　）

4．收银机能够准确、高效、自动地进行交易和信息处理，是相关企业的基本办公用具。（　　）

5．收银机的员工管理功能主要体现在记录顾客购物情况、分析购物高峰及倾向等方面。（　　）

6．根据实际工作的需要，现在大多数超市和连锁卖场使用的收银机都加上了税控功能。（　　）

7．打开收银机的电源开关，等待机器启动，就会进入“销售”窗口。（　　）

8．通过收银机记录的各种信息，可以使经营者对企业的资源进行全面规划、合理分配使用，实现企业人、财、物、购、销、存的一体化管理，提高企业的经济效益和管理水平。（　　）

9．固定式条码扫描器的优点为价格便宜、移动性强，且适用于扫描较重或条码位置不易被看到的商品；缺点是扫描精度较差，常需重复多次扫描动作才有感应。（　　）

10．对一些拆分包装、重量不等的商品，使用条码电子秤，除可称重外，还可打印该种商品带有价格的条码，以便收银员根据条码所列内容进行收银结算。（　　）

## 三、实训

1．知识点阐述：通过对 POS 终端机结构的学习，请在 1 分钟内准确地阐述 POS 终端机的基本结构和外部设备的名称及作用。

2．扫描商品：要求本着快速、准确的原则，以最规范的操作进行商品扫描训练，熟记校园实验超市中大众商品的条码所在位置，利用机器扫描和人工扫描相结合的方式进行无漏扫描；同时做好成绩记录，检测熟练程度。

## 四、能力拓展

角色扮演：以校园实验超市为背景，10 人一组，1 人扮演收银员，9 人扮演顾客前来结账，看谁收银速度最快、最准确。成绩优异者可授予“收银新星”称号。

# 单元 9　收银机及相关设备知识

学习目标

1. 掌握收银机的安全使用和维护；
2. 掌握收银员的工作注意事项。

【案例】

细心呵护才能高效运作

某超市 3 号收银机近期常出故障，而且往往发生在营业高峰时段，顾客排成长队等待收银时，不是计算机死机，就是打印不出小票。维修人员经细致检查，在收银机键盘、打印机进口处发现不少残渣。

原来，不久前招收了一名名为王岚的收银员。王岚在某中专学校学习期间成绩突出，尤其在收银技能方面（如点钞、计算、为顾客装袋等）得心应手。来到超市后，王岚也较快地适应了岗位要求，工作中也没出大的差错。然而，王岚有一个习惯——爱吃零食，她在收银闲暇时，常常吃点儿零食，喝点儿茶水，有时也会趴在键盘上休息一会儿。因此，不少残渣落入机器内，造成机器故障。

## 一、收银机及相关设备的安全使用和维护

在一般情况下，人们家里有很多家用电器，平时在使用过程中都会养成一定的使用习惯，也比较注重对其进行保养和维护。收银机可以说是一种特殊的精密电器，那么收银员应如何在工作中加强对自己的“工作伙伴”的呵护，使它能够更好地为

我们服务呢？

掌握收银机的使用与维护常识非常重要。收银机是机电一体化设备，不要将其放在高温、潮湿、酸性气体、震动频繁等的不良环境中；使用中应严格遵守操作流程，注意设备的保养和日常维护。

### 1．注意事项

（1）不要将金属物品或水杯等放在机器上，金属物品或液体一旦进入机器，就可能引起短路而损坏机器。

（2）机器工作时不能打开机壳或其他盖板，以免造成不必要的损害。

（3）不要堵塞机器的通风口，否则会使机器过热而烧毁。

（4）移动机器时要先拔掉电源线，否则会损害电源线，造成短路或断路。

（5）不要使用与机器规定不符的电压，否则会损坏机器。

（6）在更换打印纸时，注意不要让头发或其他杂物卷进打印机的齿轮中，否则容易造成事故。

（7）不要倚靠在打开的钱箱上，否则容易导致机器摔落而损坏。

### 2．日常维护

在大型商场里，收银机是使用非常频繁的设备，每台收银机每天要完成数百笔交易，特别是打印设备，是故障率较高的部件。因此，做好收银机的维护工作十分重要。

（1）要经常清除机器转动部位和字轮、字锤处的纸屑、纸毛等异物，清除油污，擦拭机器。

（2）及时更换消耗品，如色带、打印纸等。

（3）定期检查、紧固松动的螺钉，保证机器处在最佳的工作状态。

（4）在维护过程中，发现打印机的部件有磨损时，应及时更换。

（5）维护工作应当定期进行，在正常使用情况下，维护周期为 2～3 个月，使用较频繁的，应每月维护一次。

### 3．显示器的维护

（1）使用时首先检查显示器的电源开关是否处于打开状态，显示器与主机的连线是否完好；无任何显示时，要检查显示器的亮度旋钮。

（2）对于联网的收银机，在重新开启收银机时，如果显示器上显示服务器出错信息，有可能是网线的接口松脱或服务器没有被打开。

（3）显示器出现泛白情况时，可通过显示器后面的显示开关来调节。

（4）刚开机时，显示器显示“暂停使用”，可检查主机钥匙是否转至“收款”位置。

（5）额定电压应保持在220～250V，以免造成不必要的损失。

（6）在温度为0～40℃、湿度为10%～80%的环境下可正常工作。

（7）切忌把水及其他流质物体、小杂物置于显示器上，以免引起电子元器件烧坏、短路等故障。

（8）信号线与主机的接口正确连接好，拧紧螺钉，否则显示器无信号输出无法知道。

（9）不能任意打开显示器的箱体。

#### 4．打印机的维护

（1）当显示器显示“打印机未准备好”或“打印机未上纸”时，首先检查打印机电源开关，其次查看打印机是否已上好纸，最后检查打印机的电源线是否连接好。

（2）打印机打印出的单据空白时，检查色带是否卡住，必要时及时更换色带，且规格型号要相符。

（3）当打印机突然停止打印时，检查是否错按了“不出票”键。

（4）打印机面架不能承受过大的压力。

（5）打印机的旋钮杆很小，应小心旋转。

（6）为打印机上纸时应将拨杆推至连续纸的位置，否则可能打印一段就出一段空白纸，浪费纸张。

（7）打印机的打印厚薄间隔要调好，否则会打印不清，甚至会损坏打印头，校正时视纸的具体情况而定。

**动脑筋**

通过在校园实验超市实习，或者了解各卖场收银机的工作情况，总结出收银机在平时保养过程中应注意的问题。

## 二、收银机及相关设备的常见故障及排除方法

#### 1．收银机黑屏

（1）没有电力供应。检查电源接口和电源线通电情况，检查主机电源接口和电源线是否完好、无松动，以及显示器是否开启，如果接口和电源线有破损断裂，应

当及时更换。

（2）供电正常但黑屏。直接与计算机维护员联系。

（3）正在工作中，显示器断断续续出现黑屏。一般是电压不稳定造成的，电压稳定后就会恢复正常。

（4）显示混乱。一般是由于收银机内部程序混乱，需要由专业维护人员进行相应处理。

### 2. 打印机不工作

打印机不工作一般是由于打印机某部分被卡住，也可能是收银机由于异常而处于死机状态，需要依照具体现象判断处理。有些收银机的打印机盖下装有压感开关，所以当打印机不打印时应首先检查机盖是否关好。另外，查看电源是否接上、指示灯是否亮、暂停灯是否亮，若电源没有接好，则应先接好电源，打开打印机电源开关，按“暂停”键。

### 3. 收银机报警

收银机报警常见的故障有两个：一个是由于打印机内尘土、纸屑过多，挡住了传感器，导致报警，这时应打开机盖，用吸尘器或吹风机清理打印机内部；另一个是有物品压在收银机键盘上，造成持续报警。

### 4. 钱箱卡住

收银员在每次交易后，将货币放在钱箱内，如果放置过多，超出钱箱的容量，就可能被卡住。所以当货币较多时，应取出一部分另外存放。

### 5. 条码扫描器故障

（1）枪顶指示灯不亮，无鸣响或激光。检查电源、插座和电源线，确保电源已接入条码扫描器。

（2）读取一个条码后，条码扫描器死机。由于条码扫描器具有保护功能，如果读取的条码数据传输错误，会自动进入保护状态，防止数据丢失。如果发生这种现象，应仔细检查连线。确认无误后，关掉条码扫描器再打开就可以重新正常使用。

不同型号的收银机，有其各自的常见故障，收银员需要根据具体情况进行分析和排除。

**动脑筋**

在实际工作中，如果收银机出现故障，如机器报警、卡纸等，及时地修理好，使它恢复到正常使用状态，格外重要。因此，当机器出现故障时，收银员要有耐心，运用对机器结构的掌握，尝试动手修理，积累经验，增加工作阅历，久而久之，就会得心应手。

## 三、收银员的工作注意事项

收银员如果不严格按照有关规定开展工作而出现疏漏，会给自己和企业带来不小的经济损失。因此，在收银工作中，收银员要时刻注意下列事项。

（1）开机后先检查收银机的时间，检查机器是否处于联网状态。

（2）收银中一旦出现差错，要将原始单据保留，并由旁人和主管签字证实。

（3）如果计算机死机，应迅速将当时的商品品名、编码、数量、交易金额、时间、单据号记录下来，立即通知计算机维护员进行操作，且要由计算机维护员和主管签字证实。

（4）如需补单，应及时通知计算机维护员进行操作，且只能补上笔交易的单。

（5）在收银空闲时间里，不要随意打开钱箱点钞。

（6）上岗期间不得擅自离机，确实需要离开时，必须将"暂停收银"牌放在收银台上，用链条将收银通道拦住，将现金全部锁入钱箱，钥匙必须随身带走或交给主管保管，报告离开收银台的原因和返回的时间。离开收银机前，如还有顾客等候结算，不可立即离开，应以礼貌的态度请后来的顾客到其他收银台结账，并为等候的顾客结账后方可离开。

（7）收银员不可为自己的亲朋好友结算收款，以免有不必要的误会和产生不道德行为，如收银员可能利用收银职务的便利低于原价收款，以损害企业利益来满足自己私利，或发生内外勾结的"偷盗"现象。

（8）收银台上，除饮用水外，收银员不可放置其他任何私人物品。因为收银台上随时会有顾客退货的商品和临时决定不购买的商品，私人物品容易与这些商品混淆，造成他人误会。

（9）上岗期间不可玩手机或谈笑等，要随时注意收银台和视线所见的卖场内的情况。

（10）不启用的收银通道必须用链条拦住，否则可能会有不良顾客不结账而将商品带出卖场。

（11）收银员要熟悉商品的位置、变价商品和特价商品，以及有关的经营状况，以便顾客提问时随时解答。

（12）中午交接班时，要求接班人员提前15分钟到岗，由上午班收银员清点备用金（各种币值的纸币、硬币等）后交给下午班收银员，办好交接手续。如果每名收银员都有自己的备用金，就用自己的。

（13）上午班收银员到收银部上缴营业款，如数填好一式两联的缴款单，由出纳收款。

（14）出纳收款时如发现异常，应及时通知缴款的收银员。

（15）缴款后由出纳在缴款单上签字认可，收银员收回一联自存备查。

（16）缴款时必须有防损员或收银值日员在场。

（17）下午班收银员在卖场打烊关门后方可清理钱箱，在签退后将钱箱抽出来，检查是否有票据夹在里层，将最后一笔交易号记下来交计算机室核查。

（18）晚班收银员将缴款单连同营业款用袋（箱子）封口或上锁，将备用金另装封口并留好本人姓名和日期，由收银经理或主管及防损员在收银交接本上签名后方可离开。

## 练习与实训

### 一、单项选择题（从四个选项中选择一个正确答案）

1．收银机的维护周期一般是（　　）。

A．1～2个月　B．2～3个月　C．3～4个月　D．4～5个月

2．当收银机屏幕显示“打印机未准备好”时，应首先检查（　　）。

A．打印机电源开关　B．打印机是否已上好纸

C．打印机的电源线是否连接好　D．打印机与主机是否连接好

3．收银员填写的缴款单一般是（　　）。

A．一式两联　B．一式三联　C．一式四联　D．一式一联

4．当打印机突然停止打印时，检查是否错按了（　　）键。

A．“提单”　B．“删除”　C．“确定”　D．“不出票”

5．在操作收银机时要注意（　　）。

A．可以将金属物品或水杯等放在机器上

B．不要堵塞机器的通风口

C．可以使用与机器规定不符的电压

D．可以让头发或其他杂物卷进打印机的齿轮中

6．收银机可以放在（　　）环境中。

A．常温　　B．潮湿　　C．酸性气体　　D．震动频繁

7．下列说法正确的是（　　）。

A．在收银空闲时间里，不要随意打开钱箱点钞

B．在收银台上，除饮用水外，收银员可以放置其他私人物品

C．不启用的收银通道不必用链条拦住

D．收银员在营业期间可以玩手机或谈笑

8．有关收银机打印机维护的说法不正确的是（　　）。

A．当打印机突然停止打印时，检查是否错按了“不出票”键

B．打印机面架不能承受过大的压力

C．打印机的旋钮杆很小，应小心旋转

D．打印机的打印厚薄间隔不必调好

## 二、判断题（正确的打“√”，错误的打“×”）

1．收银机的维护工作应当定期进行，正常使用情况下，维护周期为10～12个月，使用较频繁的，应每半年维护一次。（　　）

2．收银机如果黑屏，则一定是由于没有电力供应。（　　）

3．收银员在缴款时必须有防损员或收银值日员在场。（　　）

4．收银员可以为自己的亲朋好友结算收款。（　　）

5．收银员如需补单，应及时通知计算机维护员进行操作，且只能补上笔交易的单。（　　）

6．不要使用与收银机规定不符的电压，否则会损坏机器。（　　）

7．有物品压在收银机键盘上时，不会造成收银机持续报警。（　　）

8．移动收银机时要先拔掉电源线，否则会损害电源线，造成短路或断路。（　　）

9．收银员在上岗期间不得擅自离机，如确实需要离开时必须将“暂停收银”牌放在收银台上，用链条将收银通道拦住。（　　）

10．收银机在温度为0～40℃、湿度为10%～80%的环境中可正常工作。（　　）

## 三、实训

知识点阐述：通过对收银机的了解，请在3分钟内准确地阐述收银机的常见故障及排除办法。

## 四、能力拓展

场景模拟：假如自己是一名刚上岗的收银员，那么在收银工作中要注意哪些事项呢？（请从硬件维护、工作行为等方面加以阐述。）

# 模块5　顾客服务

收银既是财务工作，又是服务工作。树立正确的收银服务观念，主动、热情、周到地为顾客提供优质的收银服务是收银员的职责。

学习和熟练掌握服务的技能和技巧，使自己的服务达到艺术化的高度，是收银员追求的崇高境界。

同学们，为了我们的理想，脚踏实地地努力吧！

# 单元 10　收银员礼仪规范

学习目标

1．了解收银员岗位仪容仪表的基本要求，能在实际工作中注重自己的仪表；

2．了解收银员服务用语，掌握使用收银用语的原则，能熟练运用收银服务用语；

3．了解收银服务行为礼仪，熟悉站立、手势、表情礼仪和收银服务行为禁忌。

【案例 10-1】

收银台一幕

一位顾客对某商场情有独钟，经常来购物。一天，该顾客在二层买鞋交钱时，问收银员能不能使用信用卡。收银员只顾接待别的顾客，没有回答。顾客又问了一遍，收银员答复："有告示，自己看。"

收银台上的确有关于信用卡使用的提示，但顾客问一下有什么不行？顾客只是希望通过询问获得收银员的明确答复。

收银员对回答顾客提问责无旁贷，即使正在接待其他顾客，也要做到眼观六路、耳听八方，同时照顾多位顾客的需求与感受，这样的服务才能称得上高质量的服务。

冷落顾客绝不会赢得顾客的满意。

## 一、仪容仪表

仪容仪表是一个人精神面貌的外在表现，包括人的仪容、仪表、举止、服饰、气质、风度等。一个人的礼仪风范可体现他的修养，一个职员的礼仪风范代表着企业的管理和经营水平。在日常生活和工作中，它可反映一个人的精神面貌。其总体要求概括如下：干净整洁，举止大方；端庄稳重，不卑不亢；态度和蔼，待人诚恳；服饰庄重，整洁挺括；打扮得体，淡妆轻抹；训练有素，言行恰当。

收银员的仪容仪表应以整洁、简单、大方、富有朝气为原则。具体应注意以下几个方面。

（1）洁净的面部。面部是仪容的重点。作为直接面对顾客的收银员，注重修饰自己的面容是非常有必要的。第一，面部要保持清洁。清洗面部时，一定要注意眼角、鼻孔、耳后、脖颈等易藏污垢之处，切勿一带而过，应无灰尘、无泥垢、无汗渍、无分泌物等；第二，收银员必须注意自己面容的健康状况，如果面部出现过敏症状，或是长了疹子、疥疮等，一定要及时治疗，以免使顾客产生厌烦心理；第三，女收银员应淡妆上岗，自然为宜，不浓妆艳抹，不追求前卫，不标新立异。

（2）清爽的发型。发型能表明一个人的精神状态，是仪容的中心。女收银员的发型要以符合个人形象、气质为宜，线条简洁、流畅，美观大方，梳理整齐、自然，留长发者应将头发并于脑后束扎，不得披肩散发，不得染奇怪发色，不得戴夸张的头饰等。男收银员不可留长发，不得剃光头，在修饰头发时要做到：前发不覆额，侧发不掩耳，后发不触领，下限不为零；头发梳理整齐，保持干净，不可留胡须等。

（3）整洁的服饰。收银员的服饰一般要求统一，一是为了尊重顾客；二是为了适应工作需要；三是为了塑造企业形象。因此，收银员应该保持服饰整洁、不起皱，同时注意衣服、鞋袜、领结等保持色调一致，以体现和谐美；上岗时，必须佩戴员工工牌和徽章，挂在统一且固定的位置。注意不佩戴与岗位规范要求不符的饰物。

（4）清新的口气。收银员要时刻与顾客交流，因此应保持口齿清洁、口气清新。上岗前忌吃辛辣浓烈的食物（如大蒜、大葱等），并严禁饮含酒精的饮品。

（5）干净的双手。收银员要不断面对顾客收付款，若其指甲藏污纳垢，或是涂上过于鲜艳的指甲油，会使顾客感觉不舒服，也会带来不便。因此，男女收银员均不得留长指甲，且要将指甲修剪好。女收银员不能涂指甲油或只能涂无色透明的指甲油。

## 二、语言礼仪

### 1. 收银员语言礼仪

语言是人类用来交流情感、沟通信息的工具，可以反映出一个人的文化修养和道德水平。收银员的语言礼仪则是企业和个人精神风貌的反映。

收银员在接待顾客的全过程中应文明、礼貌、亲切，用语简洁、准确，做到“五要”“五声”“四不讲”。

“五要”，即语言要亲切，语气要诚恳，语调要柔和，用语要准确，要讲普通话。

“五声”，即来有迎声，问有答声，走有送声，不明白有解释声，不满意有道歉声。

“四不讲”，即不讲粗话和脏话，不讲讥讽挖苦的话，不讲催促埋怨的话，不讲与营业无关的话。

顾客走近收银台时，收银员应面带微笑，主动打招呼，做到语言清晰文雅，态度热情持重，举止落落大方，动作干脆利落，给顾客亲切、愉快、轻松、舒适的感觉。

### 2. 使用收银服务用语的原则

（1）尊重性原则。每个人都有受尊重的需求。在与顾客交往的过程中，如果收银员态度不好、举止失礼，会引起顾客的不满；如果顾客态度不好，甚至蛮横无理，收银员也应该尊重顾客，注意平和处理。

（2）准确性原则。收银员要正确揣摩顾客心理，服务用语应准确，服务中不要用“可能”“差不多”等模糊用语。

（3）适应性原则。收银员面对的顾客性格各异，应了解不同顾客的心理，灵活处理各种突发情况。

### 3. 收银员服务用语

收银员在接待顾客时，应使用“先生”“女士”“大爷”“大妈”“阿姨”等称呼；在收银服务中，始终注意使用致谢用语表达自己对顾客的感激，面带微笑，声音自然，与顾客有目光接触，展现本人的修养，使顾客感到亲切。

不同情境下应使用的服务用语如表 10-1 所示。

**表 10-1 不同情境下应使用的服务用语**

| 情　　境 | 服 务 用 语 |
| --- | --- |
| 与顾客打招呼 | 应使用问候用语，如“欢迎光临！”“您好！”“早上好！”“中午好！”“下午好！”“晚上好！” |
| 暂时离开收银台 | “抱歉，请您稍等一下！我要去……”“真对不起，请您稍等一会儿，我必须去……” |
| 重新回到收银台 | “真对不起，让您久等了！” |
| 自己疏忽或没有解决办法 | “真抱歉……”“对不起……” |
| 提供意见让顾客决定 | “若是您喜欢的话，请您……” |
| 希望顾客接受自己的意见 | “实在是很抱歉，请问您……” |

续表

| 情　　境 | 服 务 用 语 |
| --- | --- |
| 提出几种意见供顾客参考 | “您的意思呢？” |
| 遇到顾客抱怨 | 应仔细聆听顾客的意见并予以记录，如果问题严重，不要立即下结论，而应请主管出面向顾客解释。“我明白您的意思，我会将您的建议汇报给领导并尽快改善。” |
| 顾客买不到商品 | 应向顾客致歉，并给予建议。“对不起！现在正好缺货，让您白跑一趟。您要不要先买别的牌子试一试？”“请您留下您的电话和姓名，等新货到时我们马上通知您。” |
| 不知如何回答顾客询问 | “对不起，请您等一下，我请主管（店长）来为您解答。” |
| 顾客询问商品是否新鲜 | “一定新鲜。如果您买回去不满意，欢迎您拿来退钱或换货。” |
| 顾客要求包装礼品 | “请您先在收银台结账，再麻烦您到前面的服务总台（同时打手势，手心朝上），会有专人为您服务。” |
| 顾客询问特价商品 | 应先口述两种特价商品，同时出示宣传快讯给顾客看，并告诉顾客：“这里有详细的内容介绍，请您慢慢参考选购。” |
| 在店门口遇到购买了本店商品的顾客 | “谢谢您，欢迎再次光临！”（面对顾客点头示意） |
| 收银空闲时，发现有顾客寻找收银机结账 | “欢迎光临！请您到这里结账好吗？”“先生（女士），请往这边走，这边结账。”（用手指向收银台，并轻轻点头示意） |
| 有多位顾客等待结账，而最后一位表示只买一样东西，有急事待办，想先结账 | 收银员应对第一位顾客说：“对不起，能不能让这位只买一件商品的先生（女士）先结账？他（她）好像很着急。”当第一位顾客答应时，应对他（她）说声“谢谢”；当第一位顾客不答应时，应对提出要求的顾客说：“很抱歉，大家好像都很急。” |
| 为顾客结账 | “总计××元/收您××元/找您××元。” |
| 收银结束 | 应使用收银结束用语。“谢谢，请拿好商品，您慢走。”“谢谢，请您拿好小票，欢迎再来。” |

**【案例 10-2】**

## 永恒的商机——微笑

沃尔玛的创始人山姆•沃尔顿生前用一句话概括了沃尔玛成功的秘诀：低买低卖，微笑攻势。

正如纽约一个百货公司的经理所说，他宁愿雇用一名有可爱笑容而没有念完中学的女孩，也不愿雇用一个摆着“扑克”面孔的哲学博士。因为，对于服务行业来说，微笑是至关重要的。

## 三、行为礼仪

收银服务行为主要是指收银员在接待顾客过程中的站立、手势、表情等方面的行为动作，往往能影响顾客情绪。收银员举止落落大方，态度热情友好，动作干脆利落，往往会带给顾客亲切、愉悦的感受；举止轻浮，动作拖拉，则会使顾客产生厌烦心理。收银员行为举止的总体要求是热情大方、说话和气、不卑不亢、礼貌耐心、敏捷持重、主动周到。

### 1．站立礼仪

站立服务是国际惯例，体现对顾客的尊重和顾客至上的理念。其基本要求是“挺直、舒展、自然、亲切、稳重”。

（1）站立时应自然挺拔，头端目正，颈项挺直，收腹挺胸，面带微笑，目视前方。

（2）身体直立，重心放于两脚之间，男收银员双脚分开与肩同宽，女收银员双脚自然并拢。

（3）双臂自然下垂于身体两侧，或者双手交叉于背后或腹部，右手轻握左手手腕。

（4）站立时不可倚靠商品、货架等物体。

### 2．手势礼仪

手势是人际交往中必不可缺的动作，是一种富有表现力的“体态语言”。得体的手势，可辅助情感的表达，体现对顾客的尊重和礼貌。收银员常用手势有以下两种。

（1）指引手势。五指伸直并拢，掌心朝斜上方，手掌与地面呈45°角，腕关节伸直，手与前臂呈直线，整个手臂稍弯曲，头偏向指示方向并以目光示意，面带微笑，目视顾客以示尊重。

（2）交谈手势。与顾客交谈时，使用手势幅度不宜过大，手势不宜过多，不要用拇指指向自己（应用手掌轻按左胸），不要击掌或拍腿，更不宜手舞足蹈。

### 3．表情礼仪

收银员要始终面带微笑，温和友好，自然亲切，给人以愉快、舒适的感觉。真诚的微笑应发自内心，始终如一。

微笑是可以练习的，其步骤如下。

第一步：念“一”。要使双颊肌肉用力上抬，抬高口角两端，但注意下唇不要太用力。

第二步：口眼结合。眼睛会“说话”，眼睛的笑容非常感人。取一张厚纸遮住眼睛下边的部位，对着镜子，心里想着令自己高兴的事情，鼓动双颊。学会用眼神与顾客交流，这样微笑才会更亲切。

第三步：笑与语言的结合。在微笑的同时对顾客说“早上好”“您好”等礼貌用语。

第四步：笑与仪表、举止相结合。双脚并拢，右手放在左手上，虎口交叉相握，自然垂放于体前，面带微笑，自然亲切。

### 4．收银服务行为禁忌

（1）见到顾客面无表情，不理不睬。

（2）顾客问话不予理会，态度生硬或不友好。

（3）收款时一边聊天一边工作，效率低下。

（4）收银高峰期手忙脚乱，态度烦躁。

（5）随便离开工作岗位，不请示、不放“暂停收银”牌。

（6）收银空闲时串岗聊天。

（7）站立时把手插进裤兜或抱着胳膊。

（8）工作时间在收银台化妆或看书、玩手机等。

## 练习与实训

### 一、单项选择题（从四个选项中选择一个正确答案）

1．仪容的中心是（　　）。

A．面部　　B．服饰　　C．发型　　D．双手

2．收银服务的直接对象是（　　）。

A．企业　　B．学校　　C．领导　　D．顾客

3．仪容的重点是（　　）。

A．面部　　B．服饰　　C．发型　　D．双手

4．“欢迎光临”“您好”属于（　　）用语。

A．请托　　B．道别　　C．问候　　D．致谢

5．在一般情况下，下列不属于收银员行为礼仪的是（　　）。

A．站立礼仪　B．手势礼仪　C．表情礼仪　D．敬茶礼仪

**二、多项选择题（从四个选项中选出两个或者两个以上正确答案）**

1．发现有顾客寻找收银机结账时，收银员应说（　　）。

A．“欢迎光临！请您到这里结账好吗？”

B．“先生（女士），请往这边走，这边结账。”

C．“对不起，不要到这边结账！”

D．“您好！请这边结账。”

2．站立礼仪的基本要求是（　　）。

A．挺直　B．自然　C．随意　D．舒展

3．下列属于收银结束用语的是（　　）。

A．“谢谢，请拿好商品，您慢走。”

B．“谢谢，请您拿好小票，欢迎再来。”

C．“总计××元/收您××元/找您××元。”

D．“对不起，让您久等了！”

4．下列属于收银员语言礼仪的是（　　）。

A．语言要亲切　B．语气要诚恳

C．要讲普通话　D．语调要大声

5．收银员需暂时离开收银台时，可对顾客说（　　）。

A．“真对不起，请您稍等一会儿，我必须去……”

B．“欢迎光临！”

C．“抱歉，请您稍等一下，我要去……”

D．“真对不起，让您久等了。”

**三、判断题（正确的打“√”，错误的打“×”）**

1．收银员要始终面带微笑，温和友好，自然亲切。（　　）

2．收银员在比较忙时可以不回答顾客提问。（　　）

3．收银员在工作期间可以戴手链或黑色眼镜。（　　）

4．收银员上岗必须戴工牌和徽章，但有时忘记带了，可以借他人的使用。（　　）

5．手势是人际交往中必不可缺的动作，是一种富有表现力的“体态语言”，收银员在工作期间与人交谈得兴奋时也不可手舞足蹈。（　　）

6．面对同乡顾客，收银员在工作中可与其用方言交谈。（　　）

7．收银员上岗前不能吃生蒜。（　　）

8．若让顾客等候了一段时间，收银员应对顾客说：“真对不起，让您久等了！”（　　）

## 四、简答题

1．简述使用收银服务用语的原则。

2．简述收银服务行为禁忌。

3．收银员应如何练习微笑？

# 单元 11 顾客服务操作技能

## 学习目标

1. 了解营业前的收银准备和营业后的结算；
2. 掌握收银准备工作的具体内容；
3. 掌握营业中收银作业的顺序；
4. 掌握如何有技巧地检查商品；
5. 掌握装袋的原则和技巧；
6. 了解收银中突发情况的应对方法，并能灵活运用；
7. 理解收银员防损的重要性，掌握外部、内部防损应该注意的问题。

**【案例 11-1】**

**“刁蛮”的顾客**

一位顾客在某商场买了一个枕头，结账时收银员用一个袋子给她装好，顾客要求再给一个袋子，收银员说一个袋子就可以了。于是顾客自己扯了一个袋子，扭头就走，还到前台进行了投诉，说收银员服务态度不好。

收银员只给顾客一个袋子的做法原则上是正确的，但作为收银员应耐心解释、劝说，向顾客宣传保护环境、勤俭节约的意义，若在解释后顾客还是不愿意接受，应满足其要求。作为服务窗口的工作人员，在处理问题时应注意灵活性。

# 一、收银操作技能

收银员在收银台进行收款操作时应该遵循一定的流程。一般来讲，收银员每日作业流程分为营业前、营业中、营业后三个阶段。其中，营业中的收银工作流程尤为重要，是三个阶段中的核心流程。

### 1．营业前的准备

（1）营业前收银准备的内容。每日营业前，收银员都有很多工作要做，具体如下。

① 参加晨会。收银员每天早上应统一着装，发型、仪容符合规范，左胸佩戴工牌，按规定的时间到指定位置参加晨会。收银主管则给当班收银员开晨会，总结前一天的收银工作，布置当天的收银工作任务，特别要强调收银工作的规范和要求。

② 打扫、清洁、整理收银台台面和收银场地。打扫、清洁、整理收银台台面和收银场地的主要内容包括：收银台、收银机、收银柜四周地板、垃圾桶、购物车/购物篮放置处、包装台等。保持收银区地面和收银机、收银台台面无灰尘、无垃圾、无丢弃物品；扫描器镜面亮洁无污渍；打印机台面干净，验钞机、信用卡机整齐放置，无打印纸头、无零钱等其他物品；收银所需纸卷、统一的封箱带、剪刀、兑零单、兑零包等物品要按规定放置在抽屉里；购物袋位置摆放正确，方便包装商品；顾客使用的购物篮应由收银核价员及时送回该放置的位置；收银台下方可以放杂物篮，以便收银员放一些收银垃圾。

③ 整理、补充收银物品。整理、补充必备的收银物品，如计算器、印章、印盒、必要的记录本及签字笔、订书机、各种尺寸的购物袋、包装纸、胶带、干净抹布、剪刀、统一发票、“暂停收银”牌。

④ 整理、补充收银台前货架内的商品，核对价目牌。收银台前货架内的商品种类具体要视超市商品的陈列与布局来定，一般为饮料或速食商品。

⑤ 准备放在收银机内的备用金。当班收银员应将备用金放在收银机内，方便找零。收银员上岗前（包括每日营业前和营业中重新上岗前）必须设置收银机起始备用金，将之放在收银机的钱箱里。收银机每天的起始备用金金额相同。

⑥ 确认当日商品有关信息，补充当前特价单和宣传单。确认并牢记当日特价商品、变更售价商品、促销商品等。

（2）开启收银机及相关设备电源开关。步骤如下。

① 开启电源开关。检查开关的接触情况，确认无误后开启电源开关，检查工作

指示灯是否正常。

② 开启外部设备的电源开关。待不间断电源（UPS）工作指示音正常后，开启显示器和小票打印机等外部设备的电源开关。注意：顾客显示器、键盘和钱箱由收银机主机直接供电，没有电源开关。

③ 开启POS终端机主机的电源开关。开启POS终端机主机的电源开关，此时可听到条码扫描器的通电指示音，系统开始自动执行软件，进入登录界面。

（3）登录收银系统。登录收银系统的流程前已述及，不再赘述。

小贴士

**收银机网络故障检查**

（1）检查并确认后台计算机已开启，且顺利进入后台管理系统。

（2）检测POS终端机主机背面局域网（LAN）接口上的网络接头是否连接好，并确认接触良好。

（3）如果使用交换机或集线器进行网络连接，确认交换机或集线器已通电，并确认其背面所有接头均已连接，并接触良好。

（4）检测后台计算机背面的LAN接口上接有网络接头，并接触良好。

### 2. 营业中的收银

营业中的收银总体要求是礼貌、迅速、正确、手准、眼清，唱收唱付声音响亮、清晰。其收银作业应按以下顺序进行。

（1）接待顾客。顾客临近收银台，收银员应主动招呼顾客，坚持做到3米之内见微笑，并使用规定的礼貌用语。

（2）扫描商品。收银员必须熟悉一般商品的条码粘贴部位，当顾客结账时，收银员帮助顾客将所购商品放置在收银台上，然后逐一准确地把商品条码面对条码扫描器进行扫描，同时逐项念出每件商品的品名和金额。扫描登记时，要手快且准确无误。每刷入或输入一件商品应仔细核对实物与计算机中所刷入或输入的商品是否相符，随时核对数量，扫描完商品后需再次询问顾客以确定是否还有其他商品。

（3）装袋。根据商品的不同特性，按照装袋的原则协助顾客将所购商品妥善装入购买的或自带的袋子中。

（4）金额总计。确定付款金额总计，并告诉顾客应付款总金额："谢谢，您的商品一共是××元。"

（5）收款确认。唱收顾客钱款，如是现金，要进行真假币的辨认，如为微信、支付宝等移动支付方式，执行相关收款程序，同时用自然、清晰的语言对顾客唱收："您的商品共计××元，收您××元。"如顾客刷卡付款，则执行刷卡收款程序，同时用自然、清晰的语言对顾客唱收："您的商品共计××元，收您××卡一张。"并等待顾客刷卡。

（6）消磁商品。收银员应对逐一扫描后的商品进行消磁，包括消磁器消磁和人工消磁。一定要确定每件商品均已消磁，防止出场时出口或收银通道外的电子商品检测设备发出警报。

（7）找零或退还卡。唱付顾客的找零："找您××元，请您收好，并拿好小票。"将大钞放在下面，小钞放在上面，连同小票一起交给顾客。或刷卡成功后将卡还给顾客，同时双手将小票递给顾客，提醒顾客拿好商品。

（8）欢送顾客。对顾客表示感谢，保持亲切友善的笑容。

### 3. 营业后的结算

（1）清点、核对、上缴钱款。收银员要上缴当天所收现金，结算营业总额，不得截留除备用金以外的款项。

（2）整理工作。收银员在当天营业结束后、下班前，除需清点、核对、上缴钱款外，还需整理收银台及周围环境，关闭收银机电源开关，盖上防尘套，关闭收银台各项电器电源开关，最后关闭不间断电源开关。

## 二、商品检查与装袋

### 1. 商品检查

收银员在收银过程中，应注意购物车底部和包装封口，在扫描商品时，检查盒内商品与盒上的品牌是否相同，有无隐匿商品，有无偷换条码，确认一致后才收款。必要时需要打开商品包装进行检查，但需要注意态度友善，如图 11-1 所示。如顾客购买的是中、大件商品，如锅、空调被等，收银员有必要打开包装进行检查，一是为了保证顾客购买到的商品没有缺损，二是为了保证超市利益不受损害。

图 11-1　检查商品

【案例 11-2】

## 检查商品的艺术

收银过程中打开包装进行检查，有的顾客会不高兴。长江商报曾刊登过一篇相关报道："我在超市买牙膏，每次付款时，营业员都要将牙膏从盒内取出，检查牙膏是否与包装相符。"市民谢先生认为超市此举对顾客很不尊重，表示不满。

但是不检查商品，又有可能造成超市利益受损。这时讲究合适的工作艺术就能有效地避免这种尴尬。

收银员张霞在检查商品时就处理得很有艺术。有一次，某顾客购买了砂锅，锅盖倒扣在锅上。张霞没有直接提出要检查砂锅，而是热情地替顾客用纸重新包装了锅盖，以防止盖和锅之间磕碰。在这个过程中，她巧妙地查看了锅内有无其他物品。

还有一次，是下雨天，超市为了防止雨伞滴水使地面变滑，为持伞顾客提供了塑料袋防滴水。但有的顾客可能出于无意，将一些小商品放在了装伞的塑料袋里。收银员在注意到这种情况后，可以以一个小动作——擦去收银台上的水滴来触碰塑料袋，提醒顾客还有未结账的商品，避免不愉快。

### 2. 商品装袋

将结算完的商品迅速替顾客装好袋，是收银员的一项基本功。这项工作若做得不好，会使顾客很不愉快。

（1）装袋的原则。

① 正确选择购物袋。购物袋有大小之分，收银员应根据顾客的购买量和类别建议顾客购买合适的购物袋。

② 商品分类装袋。对商品正确分类是非常重要的，不仅能提高收银服务水平、增加顾客满意度，还能体现尊重顾客、尊重健康的理念。

（2）一般的分类原则。

① 生鲜食品（含冷冻食品）尽量不与干货食品、百货食品混装。

② 生鲜食品中的熟食、面包等即食商品不与其他生鲜食品混装，要生熟分开。

③ 海鲜不与其他生鲜食品混装，以免串味。

④ 化学用剂类（如洗发水、香皂、洗衣粉、杀虫剂等）不与食物、百货类商品混装。

⑤ 服装等贴身纺织品，不与食品类商品混装，避免污染。

⑥ 其他比较专业的、特殊的商品（如机油、油漆等）一般不混装。

（3）装袋的技巧。除了选择合适的购物袋，遵循一定的分类原则外，还应掌握正确的装袋技巧。

① 将硬、大、重、底部平稳的商品放在袋底。

② 将正方形或长方形的商品装入包装袋的两侧，作为支架。

③ 将瓶装或罐装的商品放在中间，以免受到外来压力而破损。

④ 将易碎、较轻、较小的商品放在袋内上方。

⑤ 冷冻品、豆制品等容易出水的商品和肉、菜等易流出汁液的商品，应先用其他购物袋装好后再放入大的购物袋中。

⑥ 装入袋中的商品不能高过袋口，以避免顾客提拿时不方便。

⑦ 超市在促销活动中所发的广告页或赠品要确认已放入包装袋中。

⑧ 装袋时要绝对避免把不同顾客的商品放入同一个袋中的现象。

⑨ 对包装袋装不下的体积过大的商品，要用绳子捆好，以方便顾客提拿。

⑩ 提醒顾客带走所有包装入袋的商品，防止其将商品遗忘在收银台上。

## 三、收银工作中各种事件的处理

**【案例 11-3】**

**诚心诚意，有错认错**

2018 年 11 月，某商场顾客服务中心收到这样一个投诉，顾客杨某及亲戚在买完单后无意中发现，他的小票上多输入了 2 件他并没有购买的商品，与此同时，在他身后买单的亲戚，也发现小票上多输入了 3 件并没有购买的商品。杨某当时非常气愤，跑到顾客服务中心，大喊："你们简直是诈骗犯!"并且说道："如果不对这件事做出合理解释，我要投诉到消费者协会。""要炒掉这样的员工，要狠狠地处罚她。"闻讯而来的主管马上拿过小票进行核实，发现情况确实如此，而且错误出自同一名收银员。主管立即安排办理退款，向顾客道歉，并将顾客带到自己的办公室内，安慰他们。待他们冷静后，主管再次对收银员的失误进行诚恳的道歉和检讨，并答应就此事对该收银员进行严肃的处理和教育。当时商场正在进行有奖促销活动，主管就多拿了几张抽奖券给顾客，并说："这次差错是我们工作中的一次失误，我们一定会引以为戒，提高我们员工的工作质量，希望您能继续支持和相信我们商场。"在主管的耐心解释下，顾客才慢慢消了气，并主动说："算了，不要炒掉她了，现在找一份工作也不容易，但要好好教育她，不能再出现这样的失误，否则对你们商场的声誉影响太坏了。”

这位主管对投诉的处理经验很丰富，她首先核对小票，确认事实，然后引导顾客离开现场，以免造成围观引发更坏的影响。她先让顾客冷静下来，然后就收银员的失误对顾客道歉并答应进行处理，有效地维护了商场的形象，并巧妙地利用促销活动赠送顾客抽奖券，给顾客心理上的平衡，取得了顾客的谅解，用自己的聪明和真诚留住了顾客。

从顾客的角度来说，快速和准确是体现收银员服务质量的核心，但是除此之外，还有很多工作上的问题是要靠收银员富有艺术性的方法来解决的。收银中往往会出现意想不到的特殊情况，这时收银员的随机应变能力就显得尤为重要。下面是一些突发情况的应对方法。

（1）顾客在结账时，钱不够怎么办？

收银员可以微笑着对顾客说：“没关系，我们可以帮您删除不急需的商品。”并请主管协助删除一些商品。

（2）商品价目牌上的价格与小票上的价格不符怎么办？

收银员应向顾客道歉，并由主管带领顾客进场核实价格后按最低价格结算。

（3）顾客看错价格，在结账时吵闹怎么办？

收银员应耐心劝导顾客，请其少安毋躁，并立即请主管核查价格并告知顾客。

（4）顾客要退换的商品超出“三包”期怎么办？

收银员应认真核实原因，先了解商品是否存在质量问题。如果质量有问题，就应该退换；如果质量没问题，就应该了解顾客是什么时候买的。如果购买的时间较长，就应做好解释工作；如果时间不长，一般情况下都应该退换。

（5）商品条码扫不出来或没有条码怎么办？

收银员可以根据条码号手工输入，数字看不清时，应让相关理货员帮助到场内查看条码或更换条码清晰的商品，并先结算其他商品。

（6）购买的商品过了七天退换期后，顾客不去特约维修站而让超市处理应该怎么办？

收银员应该微笑着对顾客说明，按照消费者协会的规定，过了七天退换期就由消费者自行到特约维修站去维修，尽量说服他们自己去维修站，并为其提供电话号码。

（7）结账排队时有顾客发火或制造麻烦怎么办？

在接待第一位顾客时，收银员应同时对后面排队等候的顾客道歉并及时联络主管，疏散顾客。

（8）收银机突然出故障了怎么办？

收银员应向排队结账的顾客耐心解释，迅速请有关人员修理，或安排顾客到其他收银台结账。

（9）发现顾客所购商品的附件不全怎么办？

收银员应先向顾客道歉，请顾客稍等，然后检查商品附件是否齐全，并及时通知相应理货员为顾客更换商品。

（10）顾客投诉收银员服务态度不好怎么办？

收银员应耐心听取顾客的投诉，向顾客道歉，并向上级反映。

## 四、防损安全管理

商场、超市要在竞争中获取优势，一个不可忽视的管理要点，就是想方设法减少营运过程中的商品损耗。然而严重的盗窃现象使商品非自然损耗直线上升，经营成本居高不下，已成为困扰商场、超市的一道难题。商场、超市要防范的对象不仅是一般的顾客，本身的工作人员也不可忽视，特别是一些在职务上存在一定便利条件，可以侵占商场、超市财产或图利于亲友的工作人员，如收银员。因此，对商场、超市的防损应从内外两个方面加强管理。

**【案例 11-4】**

**两位怪异的顾客**

某个又闷又热的夏季的晚上，两位穿着长袖衣服和大马甲的顾客来到了某超市收银台旁。当第二位顾客在收银台付款时，这两位穿着长袖衣服和大马甲的顾客突然打闹起来，而当班收银员对此现象感到很好奇，站在旁边看热闹。突然，其中一位顾客把手伸进钱箱，抓起一把钱，分为两叠，又放回钱箱，而此时收银员并不觉得有什么异常情况。事后收银员将此事向收银科长汇报，并声称未出现异常状况，收银科长也就未多考虑此事。当次日清点收银款时才发现短款 3000 元。

当时，顾客穿着长袖衣服和大马甲，这种装束在大热天来讲是一个很明显的反常装束。收银员没有意识到顾客的反常，收银科长在听到收银员的汇报后，不及时处理此事，而是不了了之，从而造成短款。这都是因为商场员工的防损意识不强导致的。因此，收银员必须时刻保持头脑清醒，加强防损意识，才能把防损工作做好。

1. 外部防损安全管理

收银员主要与钱打交道，容易成为被骗、被抢对象，因此在工作中要注意运用适当的防损技巧，加强自我防范。但不能因为防损而减少对顾客的热情，应依旧以热情、友好的微笑和问候迎接每位顾客。

收银员防损应从细微之处入手，这就要求其养成良好的观察习惯，同时商场、超市也应该定期对收银员进行防损培训，安排案例交流等，增强收银员的防损意识。收银员在防损工作中应注意以下几个方面。

（1）规范操作。

① 要注意观察顾客表情和衣着不正常者，如表情紧张、穿着不合季节或不合体的衣服者，尤其是在店门口闲逛者或不敢正视店员者。

② 收银员当班期间不得擅自离岗，离岗必须征得主管同意。

③ 离开收银台时应锁上收银机并带走钥匙。

④ 看着顾客时停止点钞，以防出错。

⑤ 如已累积一大笔现金，应迅速转交或收藏好，不要与声称少找钱的顾客争吵，一旦有纠纷，马上将收银机上锁，并寻求其他店员的帮助。

⑥ 对假币和信用卡诈骗要有识别能力，要熟悉店中各商品的价格。

⑦ 当进行收款输入时，若有顾客不停地与收银员讲话，收银员要保持警惕。

⑧ 无顾客结账时，要不停地扫视出口和通道。在等下一位顾客结账时，应保持与前一位顾客的联系。

⑨ 当对一位顾客产生怀疑时，要保持冷静与礼貌，并通知主管或其他负责人。

（2）留意一些未成年人。若发现小孩手里拿着玩具或在吃超市里的东西（如糖果等），而其父母佯装不知的话，应采取和善的态度提醒一下，以达到收回货款的目的。

（3）留意收银过程中的特殊部位。

① 购物车旁边。顾客经常在购物车旁边挂衣服或包，收银员要注意看是不是商场、超市的商品。

② 购物车底部。收银员在收银时往往只注意购物车上面，容易忽视购物车底部。而有些顾客喜欢把米、油、饮料、衣服等商品放在购物车下面，所以收银员在扫描完最后一件商品后要询问一下顾客，商品是否都在这里，婉转地提醒顾客。

③ 顾客手里的书刊。要检查顾客手中的书刊，防止在其中藏匿扁平物品，如贺年卡、红包等。

（4）留意不完整或变形的价签。一些不完整、变形的价签有时是个别不良顾客进行了调换的。一件商品上有重叠条码的应保持警惕。收银员在扫描完商品条码后，一定要留意商品的规格与价格是否一致。

（5）留意特殊商品。

① 容易调包的商品。调包的商品容易发生在有包装盒的商品上，如牙膏、化妆品等。这些商品很容易被偷梁换柱。同时要防止体积大、价值低的成件商品被调包，如方便面。防止有些不良顾客将一些高价值商品调换到低价值商品的包装里。

② 有容积的商品。有容积的商品内易藏匿其他小件商品，如被子、箱子、电饭煲等，为了防范，收银员必须打开包装检查，同时留意商品规格和价格是否一致。

③ 看似赠品的商品。收银员应该熟知哪些是赠品，哪些是商品，防止把商品当赠品白白送出。

④ 体育用品。收银员应熟知哪些体育用品是按个卖，哪些是按对卖，否则就会造成损失。

⑤ 生鲜食品及干果类食品。收银员扫描商品时一定要核对商品的名称、型号、重量及价格。如有疑点，要立即重新核对条码或重新称重，避免给超市造成损失。

（6）对于顾客的偷盗行为，商场、超市的一般处罚办法如下。

① 和解方式。对于盗窃情节轻、金额小或未成年盗窃者，一般给予严厉的教育和警告，并记录在档，采取等价买回偷窃商品等方法进行处理。如下是某超市对此类盗窃者的处理方法，仅供参考。

偷窃商品价值 400 元及以上人员，可送公安机关。超市需开具一个商品零售价证明，并盖财务专用章，当事人、赃物、证人、谈话记录齐全。

偷窃商品价值 400 元以下人员的处理方法：做一份谈话记录；做等价购买；当事人到原单位开个人表现证明，无单位者到住址所属地区的街道办事处开个人表现证明。

14 岁及以下人员，批评教育，写书面检查，通知监护人或学校来人，将其带回。

② 司法方式。盗窃情节重、金额大的盗窃者，或多次来本超市的惯偷，或属于团伙盗窃的，或认错态度不好的，送交司法机关处理。

注意：对偷盗者，超市不能采取公开其照片、姓名等个人资料，或殴打、使其当众出丑等违反法律的行为。

**2. 内部防损安全管理**

内部偷盗的防范是商场、超市管理的重要环节，是从总经理至每位员工的重要工作之一，也是每位商场、超市工作人员必须遵守的最重要、最基本的行为规范之一。可以说，诚实的良好品德是从事零售商业最重要、最基本的道德要求之一。管理者要降低损耗，控制损失，必须在对内部偷盗的防范上进行严格有效的管理。防损部门要密切关注员工的一些异常行为。

（1）收银员擅自离开工作岗位或未到下班时间中途下班。

（2）收银员执意要求用某台收银机。

（3）收银员经常有小差额的收银差异。

（4）收银员为其亲属、朋友结账。

（5）收银员违反收银程序，如不扫描但进行商品消磁或跳扫描。

（6）收银员有过多的作废或删除品项。

（7）收银员有大金额的收银短款行为。

（8）收银小票与提货商品品名不符。

（9）收银员表情过于紧张或异样。

（10）收银员背大包上下班。

（11）收银员与某顾客熟悉并亲自为其挑选商品。

（12）员工在工作时间内未从员工通道进出。

（13）员工特意为某顾客到仓库取商品。

（14）在夜间作业的员工的工作场所发现较多的商品空包装。

（15）员工在仓库对原包装商品进行重新包装。

（16）贵重商品的销售与计算机库存不能一一对应。

对于内盗，商场、超市的处理办法一般有以下几种。

（1）内盗的赔偿解聘。所有内盗的人员，无论其盗窃的金额大小、商品多少、理由多么充分，一旦被发现属实，一律立即解聘；企业有权通过合法途径追回被盗的商品和要求赔偿盗窃的金额。

（2）内盗的司法处理。根据其盗窃行为情节的严重程度和金额的大小，移交司法机关处理。

（3）内盗事件的曝光。所有内盗事件的曝光不得公开盗窃者的私人资料，而且只能在本企业范围内进行，不得在公共媒体上进行。

### 3. 内部员工购物管理规范

（1）内部员工上班期间原则上不准购物，确需购物的，需有当班经理的陪同，做到账、物一一对应，且收银主管在其当次收银小票上签名后，方可出门。

（2）收银员不得为内部员工提供结账服务，不能包庇、让利他人，损害企业的利益。员工无论何时购物，都必须在企业指定的收银处付款。

（3）内部员工调换商品应按商场、超市的换货手续进行，不得私下调换。

## 练习与实训

### 一、单项选择题（从四个选项中选择一个正确答案）

1．下列行为属于收银员异常行为的是（　　）。

A．收银员按时上下班

B．收银员不愿为其亲友结账

C．收银员背小包上下班

D．收银员与某顾客熟悉并亲自为其挑选商品

2．对于内盗，商场、超市的处理办法一般是（　　）。

A．和解　　B．行政处分　　C．立即解聘　　D．媒体曝光

3．下列说法不正确的是（　　）。

A．生鲜食品（含冷冻食品）尽量不与干货食品、百货食品混装

B．海鲜应单独装袋

C．服装等贴身纺织品，不与食品类商品混装

D．化学用剂类（如洗发水、香皂、洗衣粉、杀虫剂等）可与百货类商品混装

4．下列属于收银员外部防损应注意的方面的是（　　）。

A．留意收银中的特殊部位　　B．留意老年人群

C．留意完整的价签　　D．留意未成年人

5．收银员在扫描商品时，扫描方式主要是（　　）。

A．机器扫描　　B．电子扫描　　C．信息扫描　　D．激光扫描

6．营业中的收银工作流程是收银工作阶段的核心流程，本阶段总体要求中最核心的是（　　）。

A．正确　　B．礼貌　　C．迅速　　D．唱收唱付

7．下列有关收银员规范操作的说法正确的是（　　）。

A．当班期间离岗去卫生间

B．离开收银台时应锁上收银机并带走钥匙

C．眼睛看着顾客时继续点钞

D．有顾客声称少找钱时，与他讲理

8．有关收银员装袋服务的说法不正确的是（　　）。

A．将硬、大、重、底部平稳的商品放在袋底

B．将易碎、较轻、较小的商品放在袋内上方

C．将瓶装或罐装的商品放在上面，以免受到外来压力而破损

D．将正方形或长方形的商品装入包装袋的两侧，作为支架

9．下列对内部职工购物的说法正确的是（　　）。

A．内部员工上班期间可以购物

B．所有员工购物时，均需收银主管在其当次收银小票上签名

C．收银员可为内部员工提供结账服务

D．内部员工如要调换商品，私下调换即可

10．金额总计规范用语是（　　）。

A．“谢谢，您的商品一共是××元。”

B．“您的商品共计××元，收您××元。”

C．“您的商品共计××元，收您××卡一张。”

D．“找您××元，请您收好，并拿好小票。”

**二、判断题（正确的打“√”，错误的打“×”）**

1．在收银过程中，对中、大件商品只需扫描，不用检查。（　　）

2．若顾客购买了某样商品但没有付款，则可认定此顾客为偷窃。（　　）

3．装袋时，海鲜最好不与其他生鲜食品混装，以免串味。（　　）

4．所有内盗的人员，无论其盗窃的金额大小、商品多少、理由多么充分，一旦被发现属实，一律立即解聘。（　　）

5．防损的责任就是降低营运成本，管理和监控可能发生损耗的各个环节。（　　）

6．一般来讲，收银员每日作业流程分为营业前、营业中、营业后三个阶段。其中，营业前的收银工作流程尤为重要，是三个阶段中的核心流程。（　　）

7．收银员装袋时，应将正方形的商品装入袋的中间。（　　）

8．收银员在收银过程中，只扫描商品就可以了，不用打开商品包装检查，以免顾客不满。（　　）

9．收银中往往会出现意想不到的特殊情况，收银员如果能用富有艺术性的方法来解决问题，会避免很多不必要的麻烦。（　　）

10．收银员不得为内部员工提供结账服务。（　　）

## 三、简答题

1．简述营业中收银员的工作流程。

2．简述收银员装袋的原则和技巧。

3．如何进行外部防损安全管理？顾客偷盗商场、超市商品时应如何处理？

4．内部偷盗防损员要关注什么？如发生内盗如何处罚？

# 附录A　收银员岗位职业标准

## 一、职业概况

1．职业名称：收银员。

2．职业定义：在商业零售企业从事面向顾客收取货币资金（含现金、支票、各种金融支付卡等）的工作人员。

## 二、上岗要求

适用对象：从事或准备从事本职业的人员。

## 三、职业道德（应知）

1．职业道德基本知识。

2．职业守则。

（1）遵纪守法。

（2）爱岗敬业。

（3）热情服务。

（4）礼貌待客。

## 四、基础知识（应知）

1．商业知识。

（1）商品的概念。

（2）商品合格的概念。

（3）商品编码和识别方法。

（4）商品包装常识。

2．商业零售企业的有关知识。

（1）商业零售企业的分类和特点。

（2）主要商业零售企业类型的布局。

（3）主要商业零售企业类型通常的管理组织结构。

3．现金的有关知识。

（1）现金的种类和特点。

（2）人民币知识。

（3）几种主要外币。

（4）支票的分类和使用常识。

（5）金融支付卡的种类、特点和使用常识。

（6）移动扫描支付设备的使用常识。

（7）收银员领用备用金的一般规定。

（8）收银员上缴营业款的一般规定。

4．收银机的有关知识。

（1）收银机的硬件机构和主要附属设备。

（2）商业管理信息系统的构成及收银机工作原理。

（3）收银机的常用功能。

（4）几种常用收银机的特点。

5．礼仪知识。

（1）接待顾客礼仪的一般要求。

（2）接待特殊顾客的一般原则。

（3）处理顾客问询或投诉的一般原则。

6．安全知识。

（1）收银场所使用设备的安全常识。

（2）商品递送过程中的安全常识。

（3）特殊意外情况的安全常识。

7．相关法律法规知识。

（1）消费者权益保护法常识。

（2）产品质量法常识。

（3）劳动法常识。

（4）有关经济犯罪的法律常识。

## 五、操作技能（应会）

1．收银机操作。

（1）能够按要求打开并登录收银机。

（2）能够按要求暂停和恢复收银机运行。

（3）能够按要求退出并关闭收银机。

（4）能够按要求操作收银机相关功能键。

（5）能够进行收银机一般故障处理。

2．票款结算。

（1）能够使用收银机附属的各种扫描设备扫描商品条码或手工输入商品编码，确定应收现金额（要求收银员具备120个字符/分钟的键盘输入速度）。

（2）能够快速而准确地清点、收取顾客支付的现金（要求具备200张/分钟的速度）。

（3）能够快速按要求收取顾客交付的支票。

（4）能够按要求使用金融POS终端机进行货款结算。

（5）能够在交易结束时及时给顾客打印清单。

（6）能够使用消磁设备对商品进行消磁。

3．现金识别。

（1）能够识别现金真伪。

（2）能够识别支票真伪或是否有效。

（3）能够识别各种金融支付卡真伪及刷卡是否有效。

（4）能够及时、妥善地处理发现的问题。

4．开发票。

（1）能够正确保管发票。

（2）能够给顾客开具发票。

5．现金管理。

（1）能够按照程序领取备用金。

（2）能够妥善保管现金和相关票据。

（3）能够根据营业情况合理搭配面额、适时兑换零钱。

（4）能够准确清点并分类整理好现金，按照程序整理好现金。

6．顾客服务。

（1）能够按要求进行商品包装。

（2）能够检查商品包装。

（3）能够发现可能造成损坏商品、伤害顾客、损害本单位利益的不当包装。

（4）能够妥善解决因商品包装不当出现的问题和纠纷。

（5）能够妥善处理顾客的问询和投诉。

# 附录 B　中国人民银行货币鉴别及假币收缴、鉴定管理办法

## 第一章　总　　则

第一条　为规范货币鉴别及假币收缴、鉴定行为，保护货币持有人的合法权益，根据《中华人民共和国中国人民银行法》《中华人民共和国商业银行法》《全国人民代表大会常务委员会关于惩治破坏金融秩序犯罪的决定》和《中华人民共和国人民币管理条例》，制定本办法。

第二条　在中华人民共和国境内设立的办理存取款、货币兑换等业务的银行业金融机构（以下简称金融机构）鉴别货币和收缴假币，中国人民银行及其分支机构和其授权的鉴定机构（以下统称鉴定单位）鉴定货币真伪，适用本办法。

第三条　本办法所称货币是指人民币和外币。人民币是指中国人民银行依法发行的货币，包括纸币和硬币。外币是指在中华人民共和国境内可存取、兑换的其他国家（地区）流通中的法定货币。

本办法所称假币是指不由国家（地区）货币当局发行，仿照货币外观或者理化特性，足以使公众误辨并可能行使货币职能的媒介。

假币包括伪造币和变造币。伪造币是指仿照真币的图案、形状、色彩等，采用各种手段制作的假币。变造币是指在真币的基础上，利用挖补、揭层、涂改、拼凑、移位、重印等多种方法制作，改变真币原形态的假币。

第四条　本办法所称鉴别是指金融机构在办理存取款、货币兑换等业务过程中，对货币真伪进行判断的行为。

本办法所称收缴是指金融机构在办理存取款、货币兑换等业务过程中，对发现的假币通过法定程序强制扣留的行为。

本办法所称鉴定是指被收缴人对被收缴假币的真伪判断存在异议的情况下，鉴定单位根据被收缴人或者收缴假币的金融机构（以下简称收缴单位）提出的申请，对被收缴假币的真伪进行裁定的行为。

本办法所称误收是指金融机构在办理存取款、货币兑换等业务过程中，将假币作为真币收入的行为。

本办法所称误付是指金融机构在办理存取款、货币兑换等业务过程中，将假币付出给客户的行为。

第五条　个人或者单位主动向中国人民银行分支机构上缴假币的，中国人民银行分支机构予以没收。

个人或者单位主动向金融机构上缴假币的，金融机构依照本办法第三章实施。

第六条　中国人民银行及其分支机构依照本办法对货币鉴别及假币收缴、鉴定实施监督管理。

金融机构依照本办法对货币进行鉴别，对假币进行收缴，协助被收缴人向鉴定单位提出鉴定申请。

鉴定单位依照本办法实施鉴定。

第七条　对于贵金属纪念币的鉴定比照本办法实施，具体办法另行制定。

## 第二章　货币鉴别

第八条　金融机构办理存取款、货币兑换等业务时，应当准确鉴别货币真伪，防止误收及误付。

第九条　金融机构在履行货币鉴别义务时，应当采取以下措施：

（一）确保在用现金机具的鉴别能力符合国家和行业标准；

（二）按照中国人民银行有关规定，负责组织开展机构内反假货币知识与技能培训，对办理货币收付、清分业务人员的反假货币水平进行评估，确保其具备判断和挑剔假币的专业能力；

（三）按照中国人民银行有关规定，采集、存储人民币和主要外币冠字号码。

第十条　金融机构与客户发生假币纠纷的，若相应存取款、货币兑换等业务的记录在中国人民银行规定的记录保存期限内，金融机构应当提供相关记录。

第十一条　金融机构误付假币，由误付的金融机构对客户等值赔付。若发生负面舆情，金融机构应当妥善处理并消除不良影响。

第十二条　金融机构向中国人民银行分支机构解缴的回笼款中夹杂假币的，中国人民银行分支机构予以没收，向解缴单位开具《假人民币没收收据》，并要求其补足等额人民币回笼款。

第十三条　金融机构确认误收或者误付假币的，应当在3个工作日内向当地中国人民银行分支机构报告，并在上述期限内将假币实物解缴至当地中国人民银行分支机构。金融机构所在地没有中国人民银行分支机构的，由该金融机构向其所在地上一级中国人民银行分支机构报告及解缴假币。

## 第三章　假币收缴

第十四条　金融机构在办理存取款、货币兑换等业务时发现假币的，应当予以收缴。

第十五条　金融机构柜面发现假币后，应当由2名以上业务人员当面予以收缴，被收缴人不能接触假币。对假人民币纸币，应当当面加盖“假币”字样的戳记；对假外币纸币及各种假硬币，应当当面以统一格式的专用袋加封，封口处加盖“假币”字样戳记，并在专用袋上标明币种、券别、面额、张（枚）数、冠字号码（如有）、收缴人、复核人名章等细项。收缴单位向被收缴人出具按照中国人民银行统一规范制作的《假币收缴凭证》，加盖收缴单位业务公章，并告知被收缴人如对被收缴的货币真伪判断有异议，可以向鉴定单位申请鉴定。

金融机构在清分过程中发现假币后，应当比照前款假外币纸币及各种假硬币的收缴方式，由2名以上业务人员予以收缴。假币来源为柜面或者现金自助设备收入的，应当确认为误收差错，假币实物依照第十三条处理。

假币收缴应当在监控下实施，监控记录保存期限不得少于3个月。

第十六条　金融机构在收缴假币过程中有下列情形之一的，应当立即报告当地中国人民银行分支机构和公安机关：

（一）一次性发现假币5张（枚）以上和当地中国人民银行分支机构和公安机关发文另有规定的两者较小者；

（二）利用新的造假手段制造假币的；

（三）获得制造、贩卖、运输、持有或者使用假币线索的；

（四）被收缴人不配合金融机构收缴行为的；

（五）中国人民银行规定的其他情形。

第十七条　金融机构应当对收缴的假币实物进行单独管理，并建立假币收缴代保管登记制度，账实分管，确保账实相符。

第十八条　金融机构应当将收缴的假币每月全额解缴到当地中国人民银行分支机构，不得自行处理。

金融机构所在地没有中国人民银行分支机构的，由其所在地上一级中国人民银行分支机构确定假币解缴单位。

第十九条　现金自助设备发现可疑币后的处置及相关假币收缴的管理办法另行制定。

第二十条　被收缴人对收缴单位作出的有关收缴具体行政行为有异议，可以在收到《假币收缴凭证》之日起60日内向直接监管该金融机构的中国人民银行分支机构申请行政复议，或者依法提起行政诉讼。

## 第四章　假币鉴定

第二十一条　被收缴人对被收缴货币的真伪有异议的，可以自收缴之日起3个工作日内，持《假币收缴凭证》直接或者通过收缴单位向当地鉴定单位提出书面鉴定申请。鉴定单位应当即时回复能否受理鉴定申请，不得无故拒绝。

鉴定单位应当无偿提供鉴定服务，鉴定后应当出具按照中国人民银行统一规范制作的《货币真伪鉴定书》，并加盖货币鉴定专用章和鉴定人名章。

第二十二条　鉴定单位鉴定时，应当至少有2名具备货币真伪鉴定能力的专业人员参与，并作出鉴定结论。

第二十三条　鉴定单位应当自收到鉴定申请之日起2个工作日内，通知收缴单位报送待鉴定货币。

收缴单位应当自收到鉴定单位通知之日起2个工作日内，将待鉴定货币送达鉴定单位。

第二十四条　鉴定单位应当自受理鉴定之日起15个工作日内完成鉴定并出具《货币真伪鉴定书》。因情况复杂不能在规定期限内完成的，可以延长至30个工作日，但应当以书面形式向收缴单位或者被收缴人说明原因。

第二十五条　对盖有“假币”字样戳记的人民币纸币，经鉴定为真币的，由鉴定单位交收缴单位按照面额兑换完整券退还被收缴人，并收回《假币收缴凭证》，盖有“假币”戳记的人民币按不宜流通人民币处理；经鉴定为假币的，由鉴定单位予以没收，并向收缴单位和被收缴人开具《货币真伪鉴定书》和《假人民币没收收据》。

对收缴的外币纸币和各种硬币，经鉴定为真币的，由鉴定单位交收缴单位退还被收缴人，并收回《假币收缴凭证》；经鉴定为假币的，由鉴定单位将假币退回收缴单位依法收缴，并向收缴单位和被收缴人出具《货币真伪鉴定书》。

第二十六条　鉴定单位应当具备以下条件：

（一）具有2名以上具备货币真伪鉴定能力的专业人员；

（二）满足鉴定需要的货币分析技术条件；

（三）具有固定的货币真伪鉴定场所；

（四）中国人民银行要求的其他条件。

第二十七条　鉴定单位应当公示鉴定业务范围。中国人民银行及其分支机构应当公示授权的鉴定机构名录。中国人民银行及其分支机构授权的鉴定机构应当公示授权证书。

第二十八条　被收缴人对中国人民银行及其分支机构授权的鉴定机构作出的鉴定结果有异议，可以在收到《货币真伪鉴定书》之日起60日内向鉴定机构所在地的中国人民银行分支机构申请再鉴定。

被收缴人对中国人民银行分支机构作出的鉴定结果有异议，可以在收到《货币真伪鉴定书》之日起60日内向中国人民银行分支机构的上一级机构申请再鉴定。

## 第五章　监督管理

第二十九条　中国人民银行负责组织制定、实施现金机具鉴别能力管理、反假货币培训管理、金融机构冠字号码数据信息管理、假币收缴鉴定等的制度规范。

中国人民银行及其分支机构有权对金融机构执行本办法的情况开展监督检查。

第三十条　金融机构应当按照《中华人民共和国人民币管理条例》和本办法的相关规定，建立货币鉴别及假币收缴、鉴定内部管理制度和操作规范。

第三十一条　金融机构应当按照中国人民银行有关规定，对现金机具、人员培训、冠字号码以及假币收缴鉴定业务等进行数据管理，并将相关数据报送中国人民银行或其分支机构。

第三十二条　金融机构应当定期对本办法及相关内部管理制度和操作规范的执行情况进行自查，并接受中国人民银行及其分支机构的检查。

## 第六章　法律责任

第三十三条　金融机构开展货币鉴别和假币收缴，中国人民银行及其分支机构授权的鉴定机构开展假币鉴定业务，有下列行为之一，但尚未构成犯罪，涉及假人民币的，按照《中华人民共和国人民币管理条例》第四十四条的规定予以处罚；涉及假外币的，处以1000元以上3万元以下的罚款：

（一）在用现金机具鉴别能力不符合国家和行业标准的；

（二）未按本办法规定组织开展机构内反假货币知识与技能培训，未按本办法规定对办理货币收付、清分业务人员的反假货币水平进行评估，或者办理货币收付、清分业务人员不具备判断和挑剔假币专业能力的；

（三）未按本办法规定采集、存储人民币和主要外币冠字号码的；

（四）未按本办法规定建立货币鉴别及假币收缴、鉴定内部管理制度和操作规范的；

（五）发生假币误付行为的；

（六）与客户发生假币纠纷，在记录保存期限内，金融机构未能提供相应存取款、货币兑换等业务记录的；

（七）发现假币而不收缴的；

（八）未按本办法规定收缴假币的；

（九）未按本办法规定将假币解缴中国人民银行分支机构的；

（十）违反本办法第十六条规定，应当向公安机关报告而不报告的；

（十一）无故拒绝受理收缴单位或者被收缴人提出的货币真伪鉴定申请的；

（十二）未按本办法规定鉴定货币真伪的；

（十三）不当保管、截留或者私自处理假币，或者使已收缴、没收的假币重新流入市场的。

第三十四条　金融机构开展货币鉴别和假币收缴，中国人民银行及其分支机构授权的鉴定机构开展假币鉴定业务，有下列行为之一，但尚未构成犯罪，涉及假人民币的，按照《中华人民共和国中国人民银行法》第四十六条的规定予以处罚；涉及假外币的，处以1000元以上3万元以下的罚款：

（一）发生假币误收行为的；

（二）误付假币，未对客户等值赔付，或者对负面舆情处置不力造成不良影响的；

（三）误收、误付假币，应当向中国人民银行分支机构报告而不报告的；

（四）违反本办法第十六条规定，应当向中国人民银行分支机构报告而不报告的；

（五）向中国人民银行分支机构解缴的回笼款中夹杂假币的；

（六）未按本办法规定对现金机具、人员培训、冠字号码以及假币收缴鉴定业务等进行数据管理，并报送中国人民银行或其分支机构的；

（七）未公示鉴定机构授权证书或者鉴定业务范围的。

第三十五条　拒绝、阻挠、逃避中国人民银行及其分支机构检查，或者谎报、隐匿、销毁相关证据材料的，有关法律、行政法规有处罚规定的，依照其规定给予处罚；有关法律、行政法规未作处罚规定的，由中国人民银行及其分支机构予以警告，并处5000元以上3万元以下的罚款。

第三十六条　中国人民银行及其分支机构工作人员有下列行为之一，但尚未构成犯罪的，对直接负责的主管人员和直接责任人员，依法给予行政处分：

（一）无故拒绝受理收缴单位、被收缴人或者中国人民银行及其分支机构授权的鉴定机构提出的货币真伪鉴定申请的；

（二）未按本办法规定鉴定假币的；

（三）不当保管、截留或者私自处理假币，或者使已收缴、没收的假币重新流入市场的。

## 第七章　附　　则

第三十七条　本办法由中国人民银行负责解释。

第三十八条　本办法自2020年4月1日起施行。《中国人民银行假币收缴、鉴定管理办法》（中国人民银行令〔2003〕第4号发布）同时废止。

# 附录 C　收银相关英语词汇与语句

## 一、收银员常用英语词汇

| | |
|---|---|
| 1．service center | 服务中心 |
| 2．zone cash desk | 区域收银台 |
| 3．promotion | 特价 |
| 4．information | 问询处 |
| 5．appeal or replacement | 投诉退换处 |
| 6．current price | 现价 |
| 7．original price | 原价 |
| 8．by credit card | 用信用卡 |
| 9．in cash | 用现金 |
| 10．exit | 安全出口 |
| 11．enter | 入口 |

## 二、收银员常用英语语句

1．Good morning!
早上好！

2．Welcoming!
欢迎！

3．Thank you, please come back , I hope you enjoy your stay.
谢谢您，请再次光临，希望您满意。

4．Please keep you turn.
请大家排好队。

5．Will this be charge or cash?
是刷卡还是付现金？

6．Take you fifty-five yuan sir.
收您 55 元，先生。

7．I am a cashier.
我是收银员。

8．Excuse me, do you have any small change?
请问，您有零钱吗？

9．Will you speak more slowly?
请您说慢一点，好吗？

10．Not at all.
别客气。

11．Yes, please do.
好，请说。

12．We don't give discounts.
我们不打折。

13．Do you agree whit me?
您同意吗？

14．What's your opinion?
您有什么看法？

### 三、扫码支付相关英语词汇

1．the QR（Quick Response）code　　快速响应码、二维码

二维码，实际上是条码的一种，英文是 2D barcode，也就是 two Dimensional barcode 的缩写，但我们常用的二维码并不叫 2D barcode，它只是 2D barcode 的一种，因为可以快速生成和读取，一般用 the QR code。

2．scan the QR code to pay　　扫码支付

3．scan the QR code to follow　　扫码关注

4．scan the QR code to get the App　　扫码获取应用程序

5．mobile payment　　移动支付

6．cashless payment　　无现金支付

7．cashless society　　无现金社会

8．wallet-free society　　无钱包社会

## 四、扫码支付相关英语语句

1．You can just scan the QR code with your phone and pay for all these things.

您只需要用手机扫二维码，就可以支付所有东西了。

2．Some mega Apps like WeChat and Alipay are the driving forces behind the wallet-free society.

微信和支付宝等大型应用程序是无钱包社会背后的驱动力。

# 参 考 文 献

[1] 中国就业培训技术指导中心. 收银员[M]. 北京：中央广播电视大学出版社，2010.

[2] 周建亚，张德秀. 收银员[M]. 武汉：湖北科学技术出版社，2009.

[3] 王家申. 收银员岗位知识与技能[M]. 北京：机械工业出版社，2009.

[4] 胡东帆. 商品学概论[M]. 大连：东北财经大学出版社，2008.

[5] 周志轩. 成功零售店[M]. 成都：成都时代出版社，2008.

[6] 雷玉华. 点钞与计算技术[M]. 北京：中国物资出版社，2008.

[7] 王玉玲. 点钞与账表算[M]. 北京：高等教育出版社，2009.

[8] 蔡宝兰. 财经基本技能[M]. 北京：电子工业出版社，2015.

[9] 林云刚，朱建君. 出纳岗位实务[M]. 北京：电子工业出版社，2016.

[10] 罗荷英，周红缨. 计算技术与点钞[M]. 大连：东北财经大学出版社，2009.

[11] 何冯虚. 银行业务实训（第 2 版）[M]. 北京：高等教育出版社，2014.

[12] 于家臻. 营销基础（第 3 版）[M]. 北京：电子工业出版社，2016.

[13] 宋锐. 计算器与点钞技能实训（第 2 版）[M]. 北京：电子工业出版社，2015.